序

从世界上第一台通用计算机 ENIAC 在美国宾夕法尼亚大学诞生至今，已经有将近 80 年时间过去；从中国科学院计算技术研究所研制成功我国第一台小型电子管通用计算机到现在，已经过去 63 年。这几十年的时间几乎是人一生的时间长度，但在整个人类历史的时间长河中不过是惊鸿一瞥。

现在，我们正经历着人类发展的"加速度"，经历着"技术革命"，我们的生活方式正在发生着翻天覆地的变化，而且这种变化还在不断加速。各种智能设备和应用正在逐渐进入我们的生活。我们常常觉得自己是万千世界中最个性的一个，但可能没有意识到，这种个性可能正处在算法设计的"囚笼"之中。

如何领会甚至拥抱这个正在到来的人工智能时代呢？一直到 20 世纪八九十年代，计算机编程教育才在高等院校中逐渐出现，直到 21 世纪初，随着计算机的普及，成人计算机教育体系才逐渐成熟。计算机编程教育是发展得非常快的一个学科。现在大家已逐渐意识到，编程已经成为孩子继阅读、写作、算术这三项基本能力外所需要具有的第四项必备技能和素养。

少儿编程并非像高等教育那样学习如何写代码、编制应用程序，而是通过项目式的编程游戏启蒙，进行可视化的图形编程，以培养孩子的计算思维和创新能力及解决问题的能力。例如，孩子在制作一个小游戏的过程中，自己拆分任务、拖曳模块、控制进度，从而理解"并行""事件处理""目标实现"的概念，这将使他建立起适应未来的思维方式。

近些年，南京一些优秀的小学信息技术教师在少儿编程项目上不断进行研究和实践，他们了解孩子学习和认知的规律，在信息技术领域教学功力过硬，将编程融

入到生动有趣的创作和设计实践过程中，合力给孩子们带来了这样一本有趣的编程书籍。

　　现在，就请你打开这本书，进入有趣的编程世界吧！

南京市教学研究室　王少峰

2021.3

探险 MINECRAFT 编程世界

李有翔 袁甫 主 编

华柏胜 汪俊 副主编

清华大学出版社

北京

内 容 简 介

　　本书通过完成《我的世界》（MINECRAFT）中一个个挑战任务来激发学生学习编程的兴趣和热情，书中的内容以项目制的学习方式推进，根据知识点的难易程度，学习内容分为探究学习和拓展创新，让学生在编程的世界认识数学，运用大小比较进行逻辑判断，学习四则运算；让学生理解坐标的概念，感受方位和距离，进行空间判断和游戏搭建。本书内容的难度随项目逐渐提升，让学生在游戏中体验编程的乐趣，同时收获编程技能。

　　本书适合作为8~12岁学生的编程启蒙书籍。

图书在版编目（CIP）数据

探险 MINECRAFT 编程世界 / 李有翔，袁甫主编 . — 北京：清华大学出版社，2021.6（2025.10 重印）

ISBN 978-7-302-57624-2

Ⅰ.① 探⋯　Ⅱ.① 李⋯② 袁⋯　Ⅲ.① 游戏程序 – 程序设计 – 小学 – 教材　Ⅳ.① G624.581

中国版本图书馆 CIP 数据核字（2021）第 037419 号

责任编辑：王剑乔
封面设计：刘　键
责任校对：刘　静
责任印制：丛怀宇

出版发行：清华大学出版社
　　　　网　　址：https://www.tup.com.cn, https://www.wqxuetang.com
　　　　地　　址：北京清华大学学研大厦A座　　　　邮　　编：100084
　　　　社 总 机：010-83470000　　　　邮　　购：010-62786544
　　　　投稿与读者服务：010-62776969, c-service@tup.tsinghua.edu.cn
　　　　质量反馈：010-62772015, zhiliang@tup.tsinghua.edu.cn
印 装 者：涿州市般润文化传播有限公司
经　　销：全国新华书店
开　　本：185mm×260mm　　　印　　张：7　　　字　　数：109千字
版　　次：2021年8月第1版　　　印　　次：2025年10月第4次印刷
定　　价：49.00元

产品编号：084398-01

本书编委会

主　编　李有翔　袁　甫

副主编　华柏胜　汪　俊

编　委（排名不分先后）

张滕南　　王　月　　韩语嫣　　姜　琪　　汪　莹

王柏姣　　吴　培

前　言

　　《我的世界》（MINECRAFT）是一款沙盒建造游戏，玩家可以在游戏中的三维空间里创造或破坏游戏里的方块，甚至在多人服务器与单人世界中体验不同的游戏模式，打造精妙绝伦的建筑物、创造物和艺术品。编程是编定程序的中文简称，就是让计算机代为解决某个问题，对某个计算体系规定一定的运算方式，使计算体系按照该计算方式运行，并最终得到相应结果的过程。《我的世界》模块化编程属于图形化编程，让孩子通过简单的拖曳进行编程，从而实现在《我的世界》游戏环境下建造属于自己的世界。这款游戏趣味性很强，能吸引孩子的注意力，激发孩子学习编程的热情。

　　2017 年，国务院明确提出要在中小学阶段推广编程教育，把编程提至国家战略层面。到了 2019 年，各省也响应国家号召，纷纷出台政策鼓励少儿编程进入学校。各个学校的信息技术教师在教学过程中也在不断培养孩子们的逻辑思维能力，今年年初，南京市教研室组织各个中小学信息骨干教师，聚在一起探讨如何将编程变得有趣，如何让孩子在游戏中感受编程思想。最终他们选择了《我的世界》模块化编程，因为《我的世界》模块化编程有很好的创造性，可以在编程过程中看到自己创造的成果。目前的很多编程教学书籍强调软件本身的操作应用，案例彼此独立，本书把每一个编程成果都作为是主人公史蒂夫的一次经历，让故事贯穿整个《我的世界》模块化编程学习过程，让单调的编程产生新的趣味，让编程变得更简单、更直观。本书既可以作为小学生的编程入门手册，也可以作为学校的校本教材，让小学生与主人公史蒂夫一起探险《我的世界》编程世界。

　　通过这本书，学生可以了解到什么是编程、编程的基本语法及结构；可以熟练掌握《我的世界》模块化编程的基本操作并在游戏中执行程序来查看程序实现的效果。通过这种模式的学习，学生可以提升自己的逻辑思维能力和学习能力，而且在游戏中查看自己编写程序后的运行效果，可以更好地提高学生学习编程的兴趣。在

完成本书所有程序以后，学生将对《我的世界》模块化编程有一个深入的了解，能学会独立地编写设计程序，建造一个自己的专属世界。

即使没有任何编程基础的学生，也可以跟着本书探索编程世界，在这个编程世界里一切都由学生自己掌控。我们不主动培养新一代的程序员，也不是教学生某一种编程软件的使用，我们旨在培养学生的计算思维，让学生在编程中寻找乐趣，从乐趣中学会编程。

编者

2021.3

目　录

VIII

项目一
认识《我的世界》编程

任务一　走进《我的世界》

深棕色头发，褐色皮肤，紫色眼睛，身穿青蓝色衬衫，一条紫蓝色牛仔裤以及灰黑色的鞋子，这就是我——Steve（史蒂夫）。

我是《我的世界》（MINECRAFT）中的主角，具有强大的动手能力（能种田、会养鸡）和创新能力（会设计各种建筑物）。在这本书里，我将带领大家在《我的世界》中体验编程带来的乐趣。

《我的世界》是一款风靡全世界的沙盒游戏。整个游戏没有剧情，用户可以在三维空间中利用不同的方块进行自由创建，通过积木式的元素进行组合与搭建，用户能制作出小木屋、城堡（图 1-1）甚至城市，从而通过自己创造的作品体验创世的乐趣。

图 1-1　游戏中的城堡

任务二 《我的世界》编程客户端下载与安装

想要和我一起在《我的世界》中体验编程的乐趣，首先要学习如何下载、启动和登录《我的世界》编程客户端。

探究屋

1. 注册账号

（1）用浏览器打开 HelloWorld 少儿编程网站（www.helloworldroom.com），登录网站首页，如图 1-2 所示。

图1–2 HelloWorld 少儿编程网站首页

（2）单击首页右上角的"注册"按钮，打开如图 1-3 所示的注册界面，按照提示信息进行用户注册。

2. 下载《我的世界》编程客户端

Windows 版本下载链接：https://helloworldroom.com/download/25。

Mac 版本下载链接：https://helloworldroom.com/download/14。

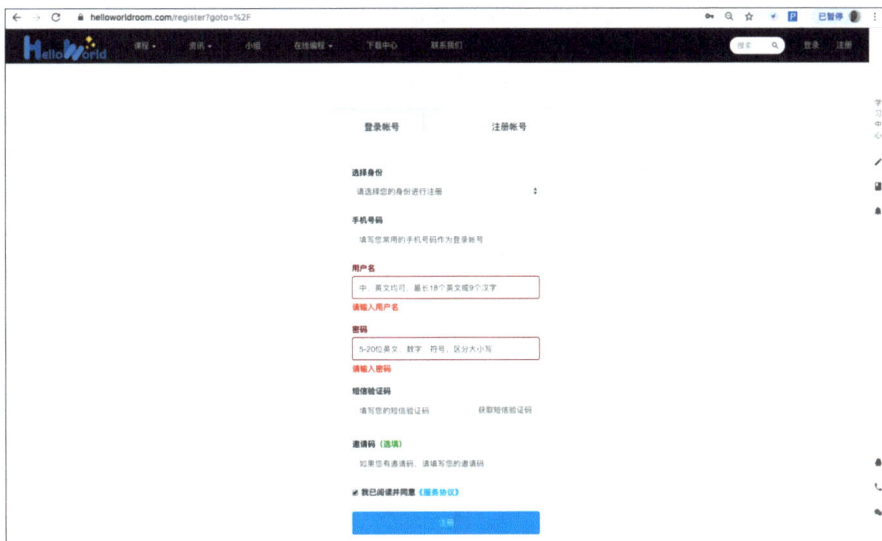

图1-3　HelloWorld少儿编程网站注册界面

3. 启动《我的世界》编程客户端

《我的世界》编程客户端免安装，将下载好的客户端进行解压缩。Windows版本直接运行启动器HMCL-3.2.exe；Mac版本以终端方式运行启动器start.sh，具体操作如下。

（1）右击启动器start.sh，选择"显示简介"命令，如图1-4所示。

图1-4　Mac系统中查看文件简介

3

（2）修改打开方式为 iTerm，如图 1-5 所示。

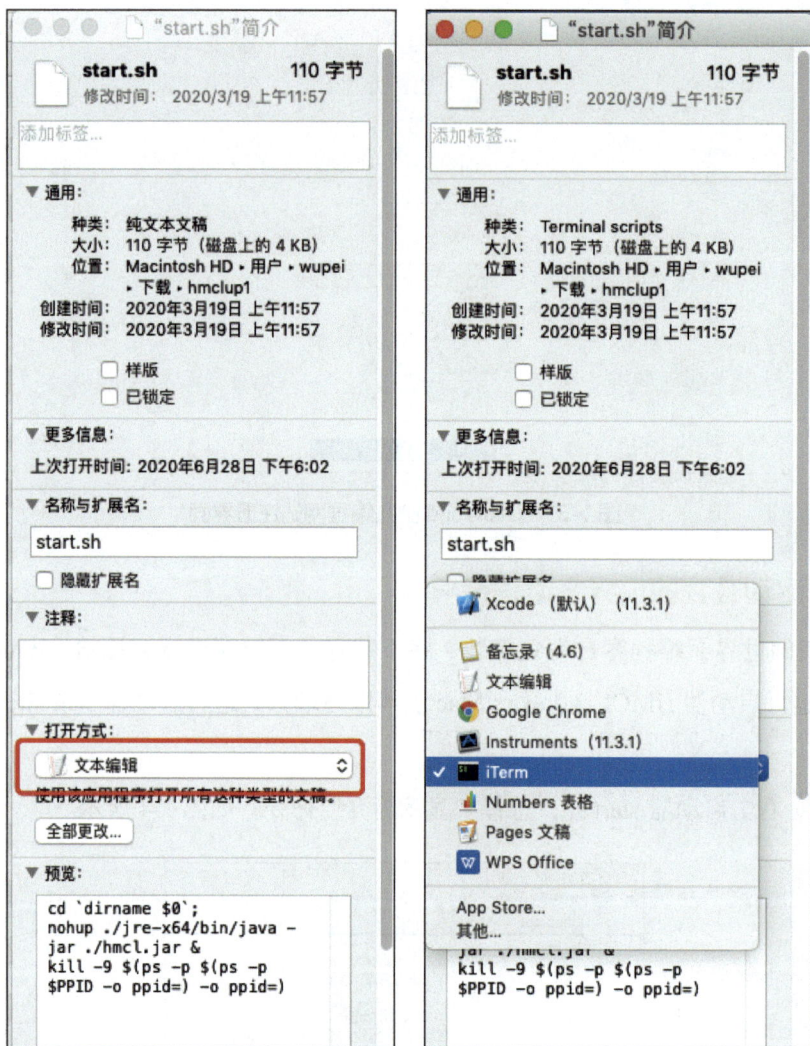

图1-5　修改打开方式为 iTerm

（3）双击 start.sh，运行启动器。

4. 登录《我的世界》编程客户端

（1）第一次登录《我的世界》编程客户端时，需要新建并绑定账号，如图 1-6 所示。输入第 1 步在网站中注册的账号及密码，这样在网页上编写的程序会根据对应的用户名传到程序箱中。当然，在网站上注册的账号会在后台有其对应的官方账号。

（2）单击"启动游戏"按钮（图 1-7）后启动编程客户端（图 1-8）。

图1-6　在客户端新建并绑定账号

图1-7　单击"启动游戏"按钮

图1-8　启动编程客户端

（3）单击"多人游戏"按钮，如图 1-9 所示。

图1-9　单击"多人游戏"按钮

（4）等待信号标志为绿色时，单击"加入服务器"按钮，如图 1-10 所示。

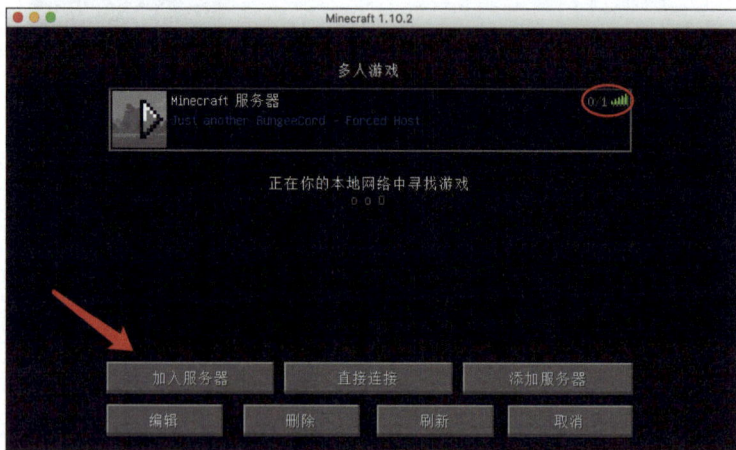

图1-10　单击"加入服务器"按钮

（5）当看到物品栏第 9 个格子出现程序箱时（图 1-11），表示成功登录了编程客户端。

实践园

（1）尝试在 HelloWorld 少儿编程网站注册自己的账号。

（2）下载并启动《我的世界》编程客户端。

（3）登录《我的世界》编程客户端。

图 1-11　成功登录编程客户端

讨论坊

（1）你玩过《我的世界》这款游戏吗？

（2）你在《我的世界》游戏中都做过什么？

（3）你期待通过编程在《我的世界》游戏中实现什么？

任务三　认识《我的世界》

先来和我一起熟悉一下《我的世界》游戏吧。

探究屋

1. 角色移动

可以通过按键控制角色进行移动，如图 1-12 所示。

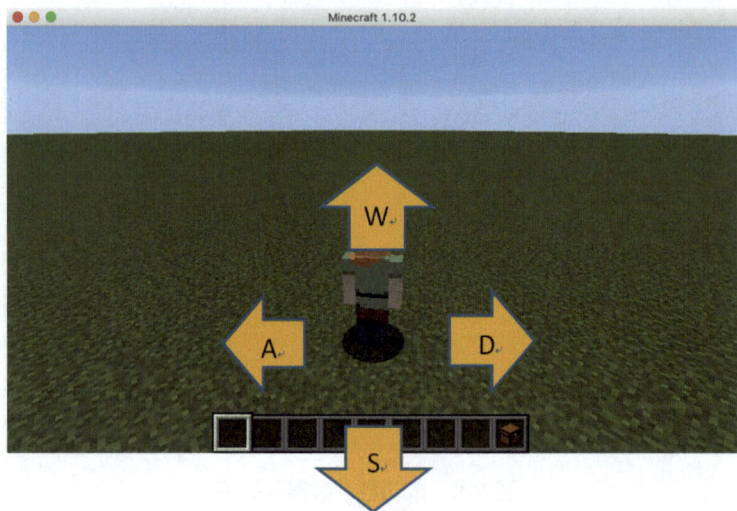

图 1-12　通过按键控制角色移动

（1）按 W 键：角色前进（连按两次开启疾跑）。

（2）按 S 键：角色后退。

（3）按 A 键：角色向左移动。

（4）按 D 键：角色向右移动。

（5）按空格键：角色跳跃；连按两次空格键角色起飞，松开空格键角色可以悬停在空中；角色悬停在空中时，按空格键可以提升角色高度；角色悬停在空中时，连按两次空格键角色会降落至地面。

2. 物品栏的选择

物品栏有 9 个格子（图 1-13），可以直接按数字键 1~9 来选择对应物品栏中的物品，或者滚动鼠标滚轮到相应的物品栏格子进行选择。

图 1-13　物品栏

3. 切换用户视角

按 F5 键切换用户视角。

（1）第一人称视角，如图 1-14 所示。

（2）第二人称视角，如图 1-15 所示。

（3）第三人称视角，如图 1-16 所示。

图 1-14　第一人称视角

图 1-15　第二人称视角

图 1-16　第三人称视角

4. 鼠标操作

（1）移动视角：移动鼠标可以改变角色的视角。

（2）选择物品栏中物品：鼠标滚轮滚动。

（3）使用物品：右击。

（4）执行程序：单击或右击。

（5）选择物品：单击（在《我的世界》编程服务器中，需要特殊权限才可以选择物品，所需物品可以通过编程的方式生成到相应的物品栏中）。

5. 其他操作

（1）按 Q 键：扔掉物品。

（2）按 Esc 键：打开游戏菜单；关闭程序箱。

（3）按 F2 键：截屏。

（4）按 F3 键：显示 / 隐藏玩家信息，如图 1-17 所示为显示玩家信息。

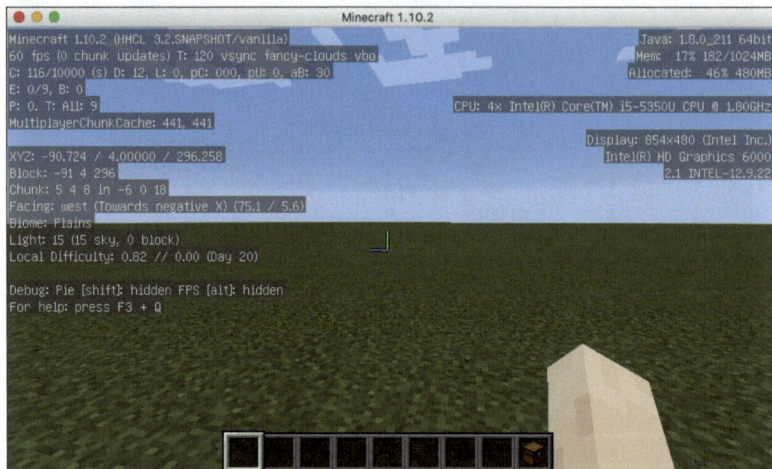

图 1-17　显示玩家信息

实践园

（1）在《我的世界》编程客户端使用键盘控制角色移动及其他操作。

（2）在《我的世界》编程客户端进行鼠标操作。

讨论坊

当按 F3 键显示玩家信息时，你能获取哪些信息？

任务四　编写第一个程序

准备好了吗,现在可以跟着我一起来编写第一个程序啦!

探究屋

1. 登录 HelloWorld 少儿编程网站

（1）用浏览器打开 HelloWorld 少儿编程网站（www.helloworldroom.com），单击右上角的"登录"按钮进行登录，如图 1-18 所示。

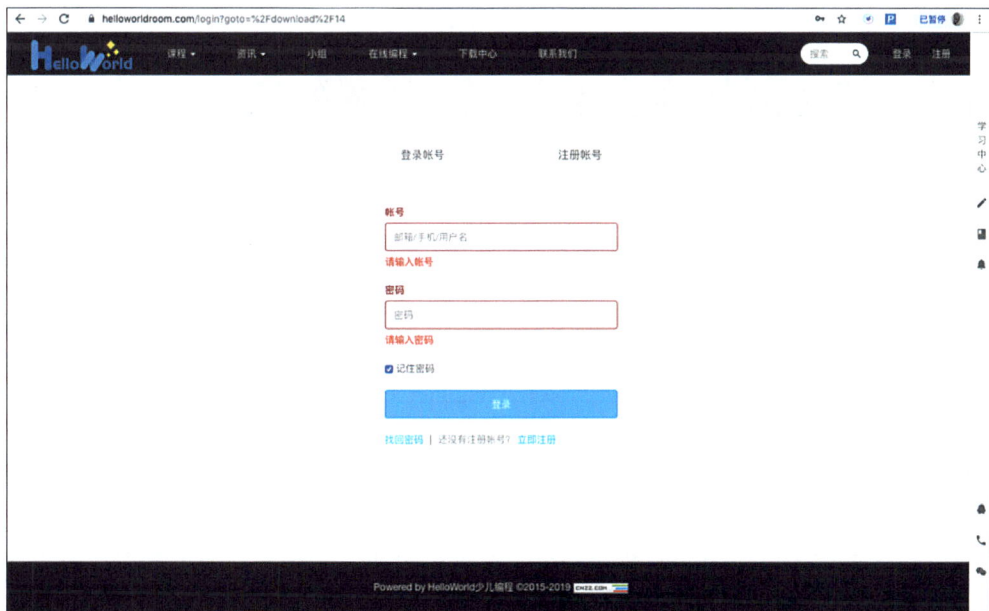

图 1-18　登录网站

（2）选择"我的世界编程"菜单命令，如图 1-19 所示。

图1-19 选择"我的世界编程"

2. 编写程序

（1）单击"新建作品"按钮，如图1-20所示。

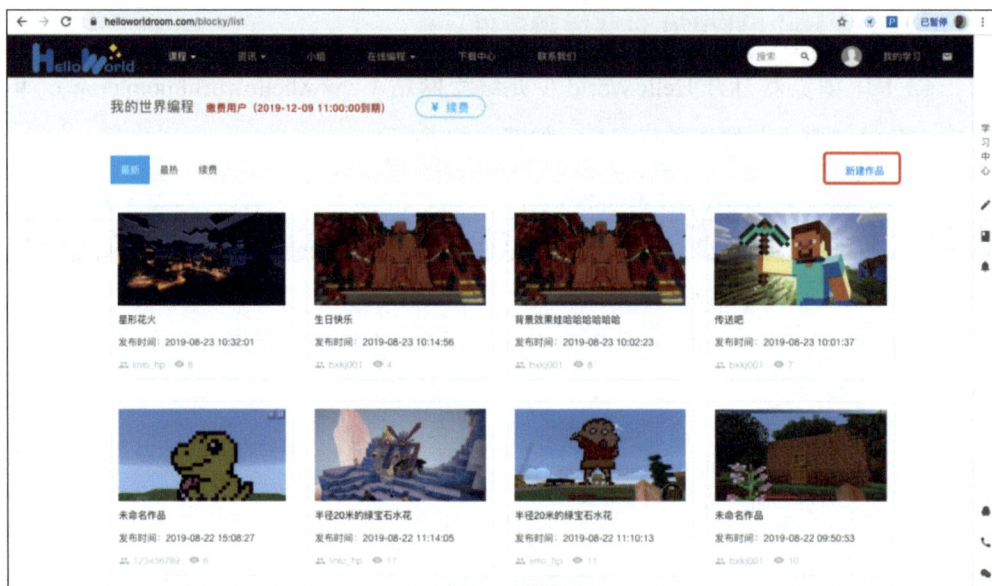

图1-20 新建作品

（2）编写程序步骤如下。

① 在左侧程序块中的函数功能组中找到函数块，并用鼠标拖曳到右侧的程序区，如图1-21所示。

② 将"做点什么"修改为main，这非常重要且必要！因为每一个程序执行的入口都是main函数（主函数）。

图 1-21　编写程序

③ 现在可以在 main 函数中编写程序了。我们的第一个程序就是和同一个编程服务器中的其他人打个招呼。

④ 在"我的世界"→"世界" 模块中找到 ，将其拖曳到主函数中，如图 1-22 所示。

3. 修改作品名称

单击作品名，可修改作品名称，如图 1-23 所示。

图 1-22　第一个程序

图 1-23　修改作品名称

4. 查看程序执行效果。

（1）打开客户端，回到网页单击"保存提交"按钮（图 1-24）后就可以在编程客户端的程序箱中看到自己编写的程序了。最新编写的"代码书"会出现在物品栏的第一个格子里，如图 1-25 所示。

（2）按数字键 1 或者滚动鼠标滚轮到物品栏 1，单击即可执行程序。

图1-24 保存提交作品

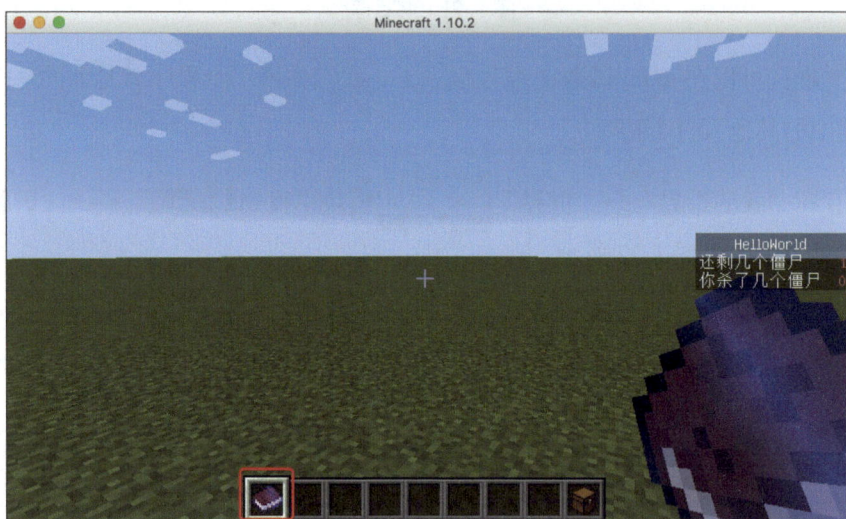

图1-25 "代码书"

① 当看到亮黄色的 hello 时（图 1-26），你的"代码书"就执行成功了。

图1-26 成功执行"代码书"

② 如果出现如图 1-27 所示的提示，说明编写的程序出现了错误，此时需要回到程序编写界面认真检查。

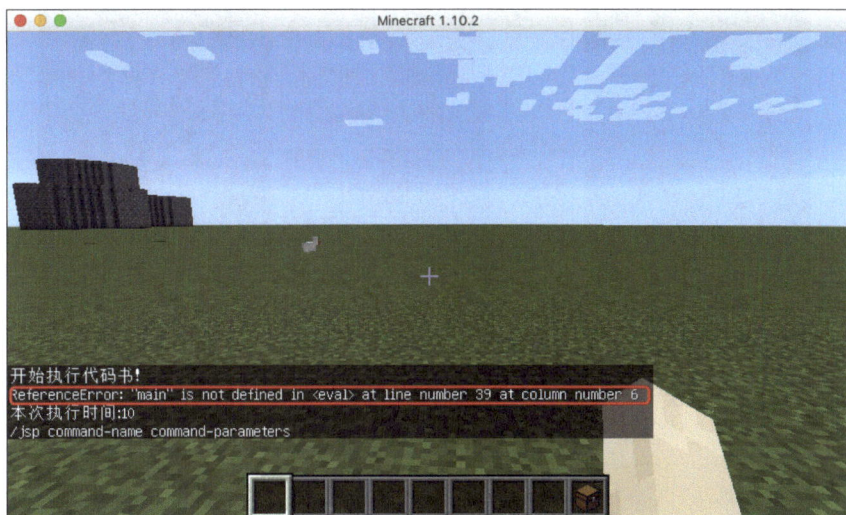

图 1-27　"代码书"出现错误

③ "代码书"成功执行后就会从物品栏消失，想要再次执行，可以从物品栏第 9 格的程序背包（图 1-28）中将相应的"代码书"再次拖到物品栏中（图 1-29）。按 Esc 键退出物品栏（图 1-30），就可以再次执行"代码书"了。

图 1-28　程序背包

5. 发表程序

（1）回到网页上的程序编辑平台。

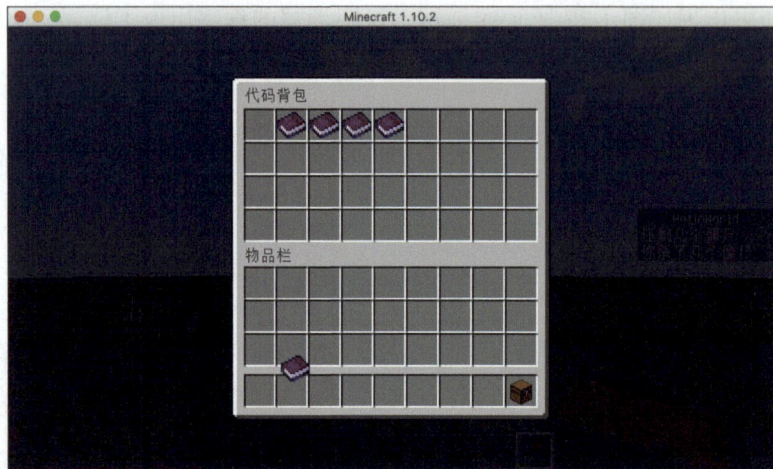

图1-29　拖曳程序背包中的"代码书"到物品栏中

图1-30　按 Esc 键退出程序背包

（2）单击"发表"按钮（图1-31），所编写的程序就可以分享到网站上了（图1-32）。

图1-31　发表程序

图 1-32　显示发表的程序

6. 查看程序

可以使用下面的方式查看自己之前提交的程序。

（1）单击右上角个人头像，选择菜单中的"我的作品"命令，如图 1-33 所示。

（2）保存并发表的程序在"我的世界编程发表作品"中，保存未发表的程序在"我的世界编程临时作品"中，如图 1-34 所示。

17

图 1-33　头像下的菜单

图 1-34　我的作品菜单

（3）可以编辑或删除之前的程序，如图 1-35 所示。

名称	创建时间	浏览次数	操作
hello	2019-08-25 18:18:24	1	编辑信息　编辑代码　删除

图 1-35　编辑或删除之前的程序

实践园

（1）编写自己的第一个程序，并在《我的世界》编程客户端中执行。

（2）尝试对原有的程序编辑后再次发表。

讨论坊

与同学讨论，在编写第一个程序时遇到了什么问题，如何解决？

项目二 建造家园

任务一　建造栅栏

当进入一个全新的世界，我需要做些什么，才能更好地生存下去呢？

我得先建设安全可靠的家园，满足生存的基本需要。

探究屋

1. 造一根栅栏

1）新建主函数

将 函数 模块中的 ⚙❓函数 做点什么 控件拖动到程序区，并将函数名称修改为 main（主函数），如图 2-1 所示。

⚙❓函数 main

图 2-1　main 函数

2）生成无人机

无人机是指《我的世界》游戏中一个看不见的建造机器人，可以通过程序指挥它进行建造。

"无人机相关"模块封装了《我的世界》游戏的坐标系统，如图 2-2 所示，我们可以像控制机器人一样控制它。"无人机相关"模块让我们对坐标变化的处理更加直观、方便。

将 无人机相关 模块中的 赋值 d▾ 等于 生成无人机 控件拖动到程序区，并将控件连接起来，如图 2-3 所示。

3）用无人机放置栅栏

将 无人机相关 模块中 无人机 d▾ 放块 控件和 方块 模块中的 全部块ID 白桦木逻栏 匹配关键字 栅栏

控件拖动到程序区输入关键字"栅栏"并连接起来，如图 2-4 所示。

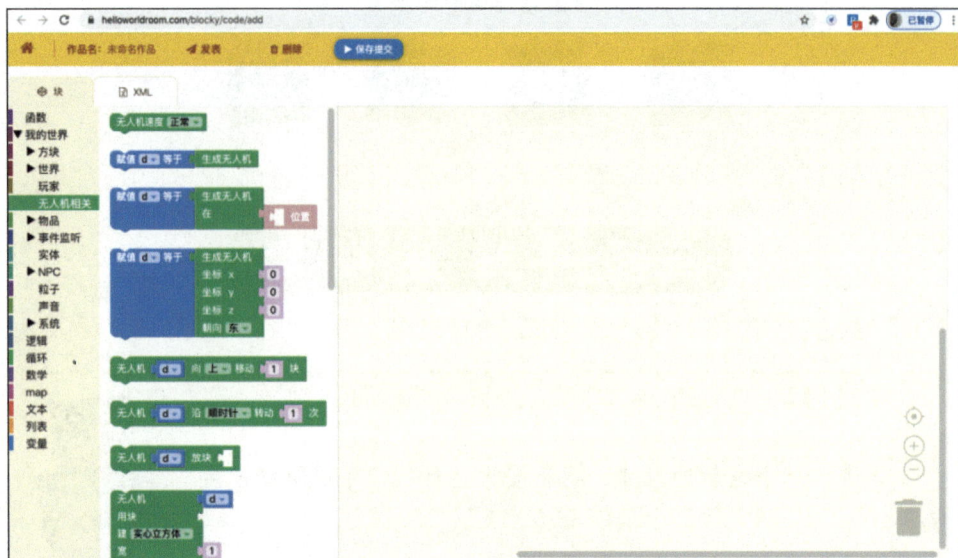

图 2-2 "无人机相关"模块

图 2-3 生成无人机

图 2-4 无人机放置栅栏

4）运行程序，验证效果

运行程序，草地上生成了一根栅栏，如图 2-5 所示。

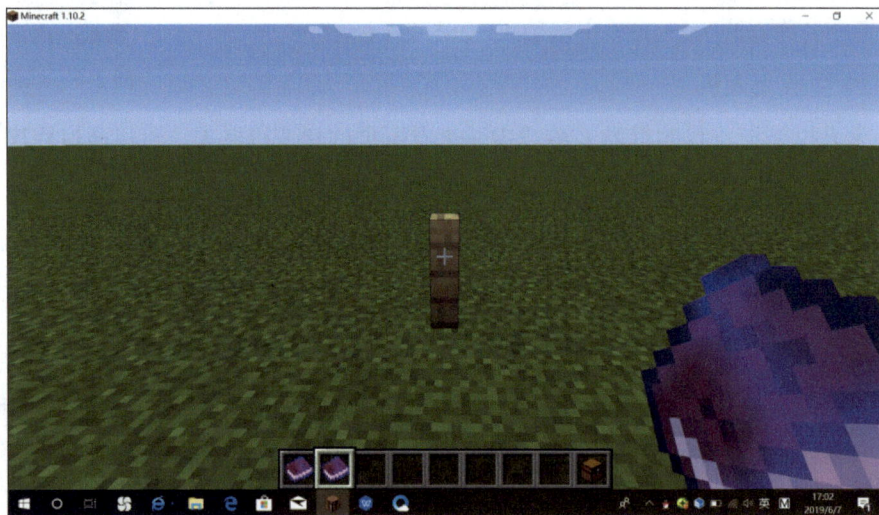

图 2-5 运行无人机放置栅栏程序

2. 建造完整栅栏

1）移动建造位置

将 `无人机相关` 模块中的 `无人机 d 向右 移动 1 块` 拖动到程序区并与

`无人机 d 放块 全部块ID 白桦木栅栏 匹配关键字 栅栏` 控件连接。

2）重复建造

将 `循环` 模块中的 `重复 10 次 执行` 拖动到程序区，再将控件

`无人机 d 放块 全部块ID 白桦木栅栏 匹配关键字 栅栏` 与控件 `无人机 d 向右 移动 1 块` 嵌入其中，如图 2-6 所示。

图 2-6 无人机重复建造

3）旋转方向

将 `无人机相关` 模块中的 `无人机 d 沿 顺时针 转动 1 次` 拖动到程序区并连接在

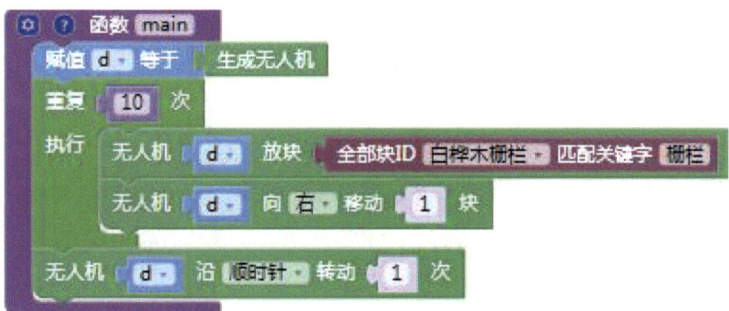

下方，如图 2-7 所示。

图 2-7 无人机旋转方向

4）完成建造

使用上述方法利用无人机建造其他三条边的栅栏，完整程序如图 2-8 所示。

5）运行程序，验证效果

将上述程序在《我的世界》编程客户端执行后可以看到效果，搭建了一个正方
形的栅栏，如图 2-9 所示。

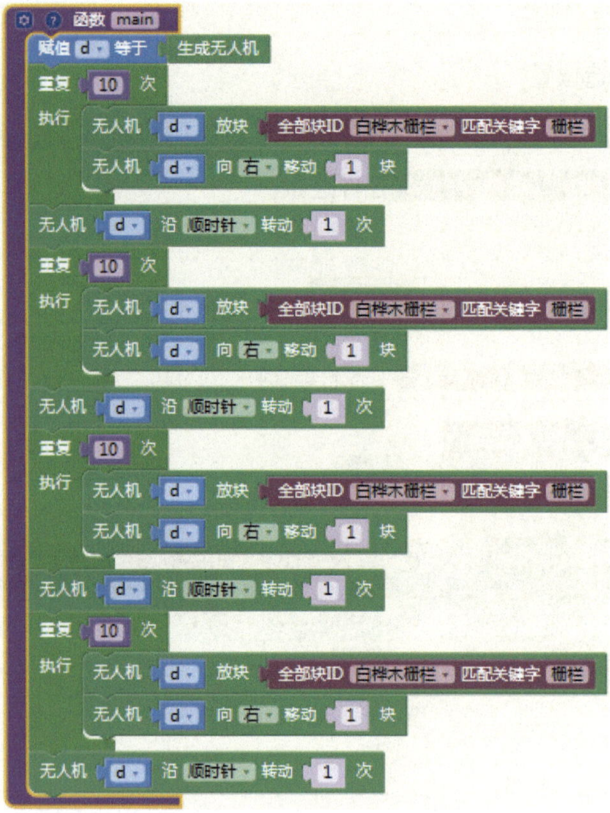

图 2-8　建造栅栏的完整程序

图 2-9　验证栅栏程序

实践园

完成整个栅栏程序的编写，并验证其执行效果。

（1）以小组为单位讨论现在的程序是否可以进行优化，使其更加简洁？

（2）编程建设农场。

任务二　种植南瓜

让我们种一些南瓜吧！

探究屋

新建程序。将 [⚙ ? 函数 做点什么] 控件拖动到程序区，并将函数名称修改为 main（主函数）。将 [无人机相关] 模块中的 [赋值 d▾ 等于 生成无人机] 控件拖动到程序区，并嵌入主函数中，再分别将 [无人机相关] 模块中的 [无人机 d▾ 放块] 控件和 [方块] 模块中的 [植物 南瓜▾] 控件拖动到程序区并连接起来，如图 2-10 所示。

图 2-10　种植南瓜

1. 批量种植南瓜

将 [无人机 d▾ 向右▾ 移动 1 块] 控件拖动到程序区，再将这段程序放入 [重复 10 次 执行] 控件中并将重复次数改为 4，种植一排四个南瓜，如图 2-11 所示。

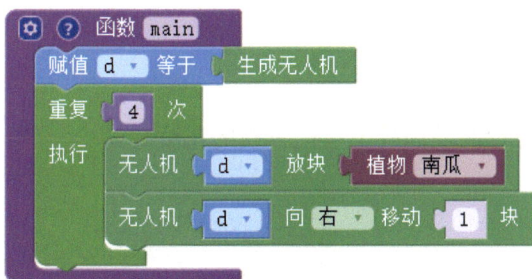

图 2-11　种一排南瓜

将 无人机 d 放块 控件拖动到程序区，修改方向为左，再将移动数值改为4。将 重复 10 次 执行 控件拖动到程序区中，执行次数修改为4。再将 无人机 d 向右 移动 1 块 控件放入程序中，方向改为前。拼接所有模块如图2-12所示。

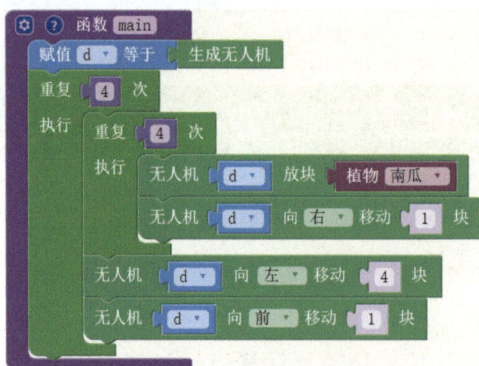

图 2-12　批量种植南瓜

2. 运行程序，验证效果

在《我的世界》编程客户端中运行程序，可以看到一个四行、四列的南瓜方阵，如图2-13所示。

图 2-13　自己验证种植南瓜程序

实践园

尝试在一个正方形区域内种上自己喜欢的花草。

讨论坊

比较搭建栅栏和种植南瓜的程序，有什么相同之处，又有什么不同之处？

任务三 建造房屋

接下来我还需要建造一间房子，为我遮风挡雨。

探究屋

1. 搭建墙体

1）放置一块木头

将 ⚙❓函数 做点什么 控件拖动到程序区，并将函数名称修改为"墙"（子函数）。拖动 无人机 d▾ 放块 控件与 方块 模块中的 建筑 木头▾ 控件至程序区，连接起来一并嵌入子函数"墙"中，如图 2-14 所示。

子函数是一个大型程序中的某部分程序，由一个或多个语句块组成。它负责完成某项特定任务，而且相较于其他程序，具备相对的独立性。

2）建造房屋第一层

选择 重复 6 次 执行 控件拖动至程序区，拖动 无人机 d▾ 放块 建筑 木头▾ 控件与 无人机 d▾ 向右 移动 1 块 控件嵌入其中，再将 无人机 d▾ 沿 顺时针▾ 转动 1 次 拖动到程序区并连接在 重复 6 次 执行 下方，如图 2-15 所示，即可搭建出一面墙的第一层。

图 2-14　新建子函数"墙"

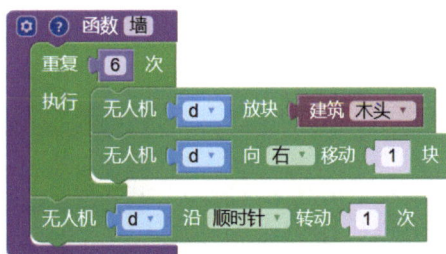

图 2-15　搭建一面墙的第一层

把此段程序重复执行 4 次，可搭建出四面墙的第一层，如图 2-16 所示。

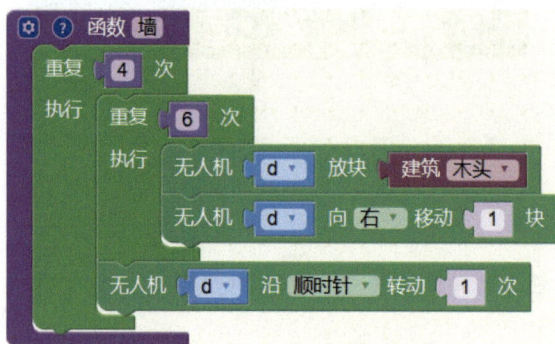

图 2-16　搭建四面墙的第一层

3）向上建造

将 [无人机 d 向 上 移动 1 块] 控件连接在 [重复 4 次 执行] 控件下方。最后该程序重复执行 4 次，完成整个墙的搭建，子函数"墙"的完整程序如图 2-17 所示。

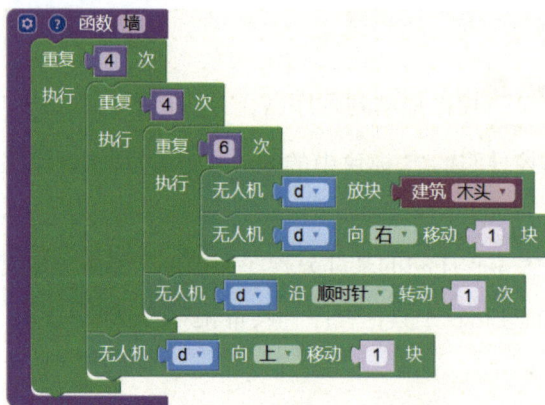

图 2-17　子函数"墙"的完整程序

4）调用子函数"墙"

拖动 [函数 做点什么] 控件至程序区并改为 main。将 [赋值 d 等于 生成无人机] 控件与 [函数] 模块中的 [墙] （子函数）一并嵌入 main 函数中，即在主函数 main 中调用子函数"墙"，如图 2-18 所示。

图 2-18　调用子函数"墙"

5）运行程序，验证效果

在《我的世界》编程客户端中执行程序，可以看到墙的搭建已经完成，如图 2-19 所示。

图 2-19　验证子函数"墙"

2. 建造屋顶

1）建造屋顶

选择 <函数 做点什么> 控件拖动至程序区改为"屋顶"（子函数），将控件拖动至程序区，将长和宽分别改为 7，并将 <建筑 木头> 控件嵌入其中，如图 2-20 所示。

2）移动建造位置

拖动 <无人机 d 向后 移动 6 块> 控件至程序区并嵌入主函数，如图 2-21 所示。

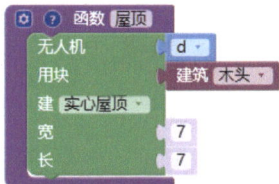

图 2-20　建造屋顶

图 2-21　移动建造位置

3）调用屋顶

选择 <屋顶>（子函数）嵌入 main 函数，即在主函数中调用子函数"屋顶"，如图 2-22

27

所示。

4）运行程序，验证效果

在《我的世界》编程客户端中执行程序，可以看到已经生成了一座小木屋，如图 2-23 所示。

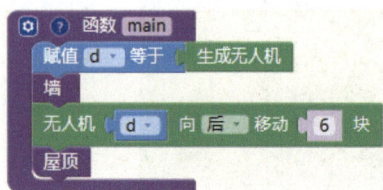

图 2-22 调用子函数"屋顶"

图 2-23 生成小木屋

3. 建造房屋入口

1）建造木门

拖动 函数 做点什么 控件至程序区改为"门"（子函数）。将 赋值 d 等于 生成无人机 控件与 全部块ID 木门 匹配关键字 门 控件拖动至程序区输入关键字"门"并连接起来。

选择 无人机 d 向上 移动 1 块 控件拖动至程序区，再次添加 无人机 d 放块 全部块ID 木门 匹配关键字 门 控件，即可完成子函数"门"，如图 2-24 所示。

2）移动建造位置

分别将 无人机 d 向下 移动 4 块 控件、无人机 d 向右 移动 3 块 控件嵌入 main 函数，如图 2-25 所示，无人机移动的位置要根据实际情况进行调整。

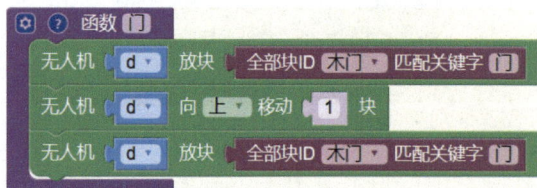

图 2-24 子函数"门"

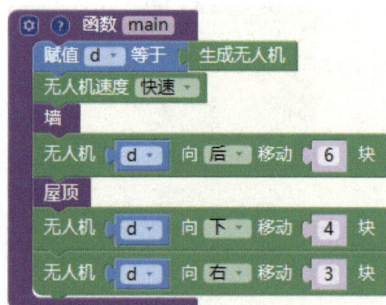

图 2-25 移动建造位置

3）调用子函数"门"

选择子函数 门 嵌入 main 函数，即在 main 函数中调用子函数"门"，如图 2-26 所示。

图 2-26 调用子函数"门"

4）运行程序，验证效果

在《我的世界》编程客户端中运行程序，可以看到搭建了一座森林小木屋，如图 2-27 所示。

图 2-27 生成森林小木屋

实践园

尝试在小木屋上建造窗户。

讨论坊

如何在门所在的墙面上建造两个对称的窗户呢？

任务四 装饰家园

　　我的家园已经基本建造完毕了，还可以建造什么让我的家园更加完善呢？

探究屋

1. 庆祝完工

1）生成无人机

　　拖动 `函数 做点什么` 控件至程序区，改为 main 函数。选择 `赋值 d 等于 生成无人机` 控件嵌入其中，如图 2-28 所示。

2）燃放烟花

　　选择 `世界` 模块中的 `在 位置 燃放烟花` 控件拖动到程序区并嵌入 main 函数。选择 `世界` 模块中的 `在 位置` 控件拖动至程序区，将 `变量` 模块中的 `d` 控件嵌入位置控件，再一并嵌入 `在 位置 燃放烟花` 控件中，如图 2-29 所示。

图 2-28　生成无人机

图 2-29　燃放烟花

3）运行程序，验证效果

　　在《我的世界》编程客户端中运行程序，燃放烟花，如图 2-30 所示。

实践园

　　尝试运行一次程序，在不同的位置多次燃放烟花。

30

图 2-30　验证燃放烟花程序

讨论坊

如果不使用无人机，可以燃放烟花吗？

探究屋

2. 建造信标

信标又称烽火台，它需要被放置在钻石块、金块、绿宝石块或铁块（或这四种方块的任意组合）结构的金字塔顶端，信标是可以向天空直射光束的功能型方块。

1）建造基座

选择 **函数 做点什么** 控件拖动到程序区，改为 main 函数。选择 **赋值 d 等于 生成无人机** 控件嵌入。

选择 **无人机 d 放块** 控件和 **方块** 模块中的 **建筑 钻石块** 控件拖动至程序区并连接起来，如图 2-31 所示。

选择 **无人机 d 向 右 移动 1 块** 控件拖动到程序区。将这段程序放入 **重复 10 次 执行** 控件中并将重复次数改为 3，如图 2-32 所示。

图 2-31　使用无人机放置一个钻石块

图 2-32　使用无人机放置 3 个钻石块

选择 [无人机 d▾ 向左▾ 移动 3 块] 控件拖动到程序区数值改为3，再添加 [无人机 d▾ 向前▾ 移动 1 块] 控件，并将此段程序重复执行3次，如图2-33所示。

2）移动建造位置

分别将 [无人机 d▾ 向后▾ 移动 2 块] 控件、[无人机 d▾ 向右▾ 移动 2 块] 控件和 [无人机 d▾ 向上▾ 移动 1 块] 控件放入程序中，如图2-34所示。

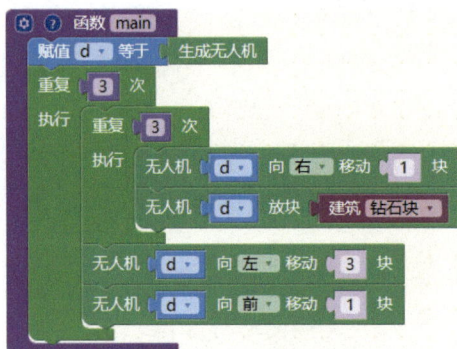

图2-33 信标基座程序

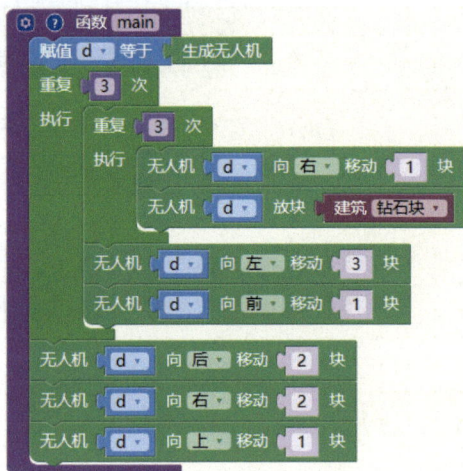

图2-34 移动建造位置

3）放置信标

选择 [无人机 d▾ 放块 □] 控件和 [方块] 模块中的 [物品块 信标▾] 控件并选择信标拖动至程序区连接起来，如图2-35所示。

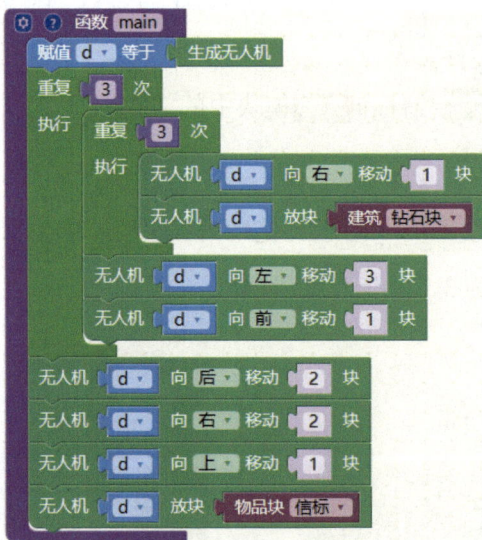

图2-35 信标完整程序

4）运行程序，验证效果

在《我的世界》编程客户端中运行程序，可以生成向天空直射光束的信标，如图 2-36 所示。

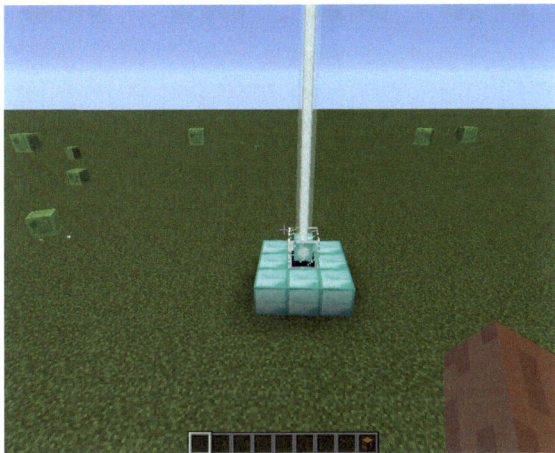

图 2-36　验证信标程序

实践园

在你搭建的森林小木屋旁边用程序搭建一个信标。

讨论坊

和小伙伴讨论还可以怎样装饰史蒂夫的家园。

项目三
跑酷游戏

任务一　创建赛道环境

　　家园建造好了，接下来我们一起玩跑酷游戏吧！可是，想要玩跑酷游戏，我们要从哪里开始呢？"位置"对我来讲是最重要的，先来认识一下坐标吧！

探究屋

1. 认识坐标

　　在《我的世界》游戏里，除了主人公史蒂夫，还有其他很多小伙伴，每个小伙伴的位置是不同的（位置可用"坐标"表示）。

　　在现实中的坐标系里，以"上北、下南、左西、右东"为记录方法。

　　在《我的世界》坐标系中，以"上南、下北、左西、右东"为记录方法，且"向东为正，向南为正"。即在《我的世界》中，当玩家向东移动时，x 坐标变大；向西移动时，x 坐标变小；向上飞时，y 坐标变大；向下落时，y 坐标变小；向南移动时，z 坐标变大，向北移动时，z 坐标变小。

　　模仿现实中的场景，在《我的世界》中，其坐标系如图 3-1 所示。

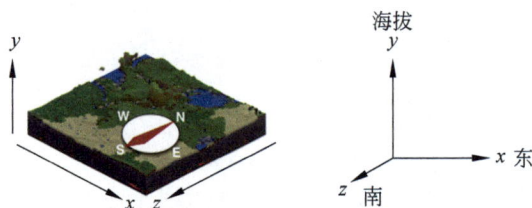

图 3-1 《我的世界》坐标系

2. 获取坐标

（1）在《我的世界》中，可以通过键盘中的 F3 键获取位置上的坐标。

（2）通过程序搭建的方法，获得"我"的绝对坐标。

① 创建主函数。拖动 `函数` 模块中的 `函数 做点什么` 控件到程序区，将函数名称修改为 main（主函数） `函数 main` 。

② 发送消息。将 `文本` 模块中的 `连接字符串` 和 `" "` 控件拖动到程序区。拖动 `玩家` 模块中的 `发送消息 " ... " 给 我` 控件到程序区，并将各个控件连接起来，嵌入主函数，如图 3-2 所示。

图 3-2　将控件连接起来

③ 发送我的位置：绝对坐标。将 `▶世界` 模块中的 `位置 得到X轴值` 控件拖动到程序区，并将控件 `位置` 和 `我` 根据编程需要连接起来。

在《我的世界》编程里，相同类型的控件可以通过右击进行复制（图 3-3）并粘贴，这样可以节省时间。用此方法可以获得"我"的绝对坐标，如图 3-4 所示。

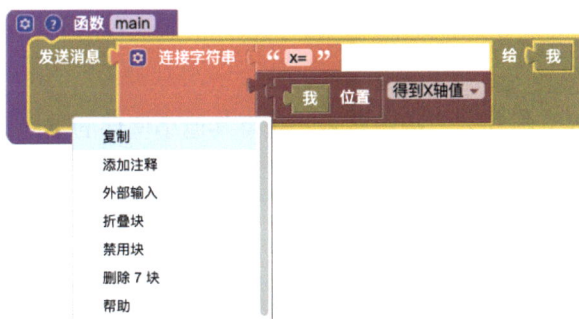

图 3-3　复制程序

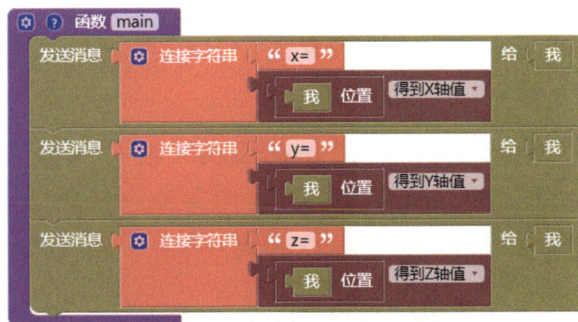

图 3-4　获得"我"的绝对坐标

④ 运行程序，验证效果。在《我的世界》编程客户端运行程序，可以获得"我"的绝对坐标，如图 3-5 所示。

图 3-5　验证获得"我"的绝对坐标程序

实践园

请你尝试获取自己的绝对坐标。

讨论坊

在《我的世界》编程客户端中是否能获得其他小伙伴的坐标呢？

探究屋

3. 绝对坐标和相对坐标

坐标可以显示为绝对坐标和相对坐标。绝对坐标是指特定地点，例如，我在 A 点坐标，你在 B 点坐标；而相对坐标是相对于某一坐标位置的坐标，例如，我在 A 点坐标，你在 A 点坐标向右 4 米的位置。

1）相对坐标实例

四个"黄金块"相对于"红石块"的坐标分别为 X 轴 $+1$，X 轴 -1，Z 轴 $+1$，Z 轴 -1，如图 3-6 所示。

2）程序设计

（1）创建主函数。将 控件拖动到程序区，并将函数名称修改为 main（主函数）。

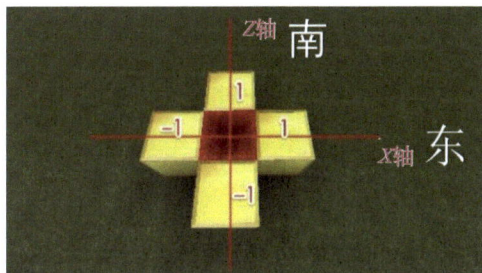

图 3-6　相对坐标

（2）在我的四周种植红色郁金香（相对坐标）。找到 ▶世界 模块中的

控件拖动到程序区，并嵌入主函数中。再将 ▼方块 常用 模块中的 在❚放置❚的块 控件和

花 红色郁金香 控件拖动到程序区并连接起来。

程序搭建如图 3-7 所示。

（3）运行程序，验证效果，如图 3-8 所示。

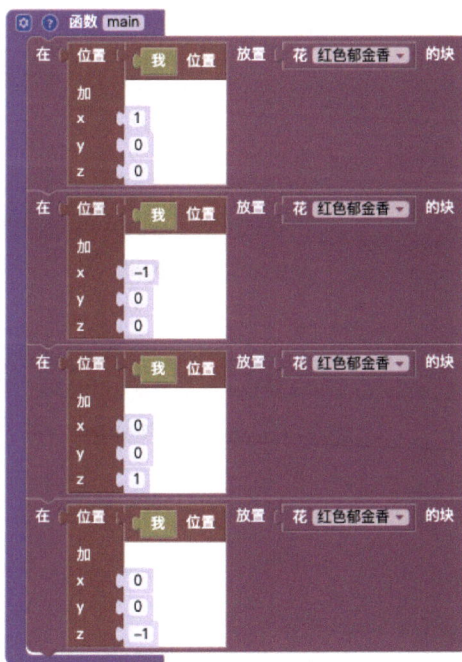

图 3-7　种植郁金香

图 3-8　种植郁金香程序效果

实践园

尝试在角色的四周种上自己喜欢的植物。

讨论坊

若在不同坐标位置设计建设其他物质块，应该如何操作呢？

探究屋

4. 坐标变化

建造一个三格高的门，分析坐标位置（三维坐标）。坐标设计图如图 3-9 所示。

◆◆ **提示：** 由于只建造一扇门，这说明 z 坐标始终不变。

由此，程序搭建可以参考如图 3-10 所示的方法。

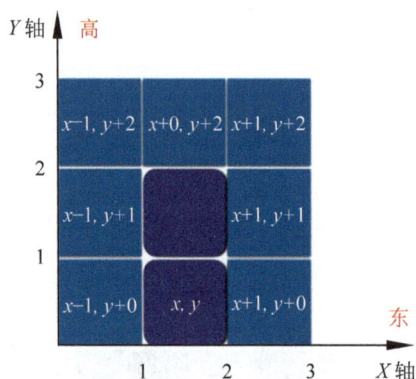

图 3-9 门的坐标

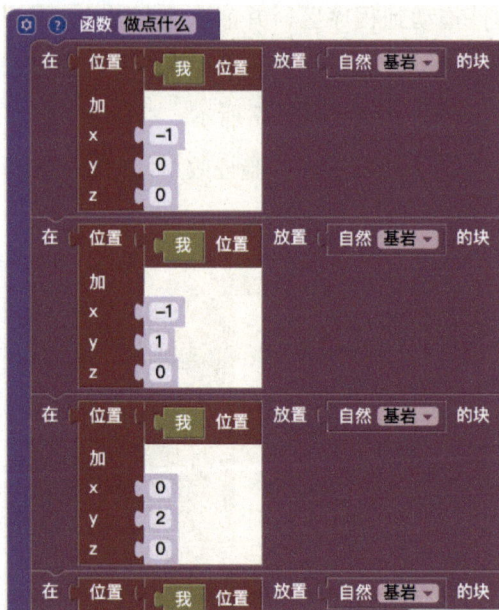

图 3-10 搭建门的部分程序

实践园

（1）尝试搭建不同材质的门，感受坐标的变化。

（2）使用上述方法，跟小伙伴合作创建一个跑酷游戏的赛道环境，注意要把自己的比赛区域建立起来。

讨论坊

以"我"的坐标位置为基础，是否可以编程实现其他造型？

任务二　我的游戏我做主

　　我们认识了坐标，赛道环境也创建成功了。接下来设计属于自己的个性化障碍物吧！

探究屋

1. 设计障碍物

　　（1）在任务一，我们学习了《我的世界》编程中的坐标系方向，可以将它归纳为以下 6 句话：当玩家向东移动时，x 坐标变大；向西移动时，x 坐标变小；向上移动时，y 坐标变大；向下移动时，y 坐标变小；向南移动时，z 坐标变大；向北移动时，z 坐标变小。

　　（2）在跑酷游戏中，我们可以根据游戏的场景和自己的喜好等，利用编程设计属于自己的个性化障碍物，例如人造铁傀儡，如图 3-11 所示。

图 3-11　"人造铁傀儡"障碍物

2. 程序搭建

　　搭建"人造铁傀儡"障碍物的完整程序如图 3-12 所示。

图 3-12 "人造铁傀儡"程序

实践园

请通过编程设计属于自己的个性化障碍物。

讨论坊

在确定块与块的相对坐标时,你有什么好的方法呢?

探究屋

3. 变量

(1)在《我的世界》里,我们可以使用编程跨越山和大海,到达自己想去的目的地。可是要怎样设定一个固定的目的地呢?就像我们所说的"原点"一样。

①通过"传送"的方法瞬间转移坐标。将 控件拖动到程序区,并将函数名称修改为 main(主函数)。

将 玩家 模块 传送 我 到 位置 控件和 我 控件拖动到程序区，并嵌入主函数
中，再分别将 ▶世界 模块中的 x 0 控件和 位置 控件拖动到程序区并连接起来。

② 完成程序搭建，如图 3-13 所示。

（2）每个人在《我的世界》里的坐标位置都可以互不相同，因此，可以使用变量存储和显示这些坐标。变量是用来存储数据，对数据进行操作的值。一般来说变量有值、名称和数量等属性。

① 新建变量 pos。在 变量 模块中新建变量 pos

② 使用变量存储坐标位置，并通过消息发送出来。程序搭建如图 3-14 所示。

図 3-13　传送程序

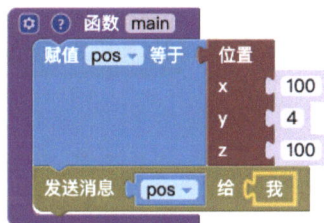

图 3-14　将存储在变量中的坐标位置通过消息发送出来

程序执行效果如图 3-15 所示。

图 3-15　将存储在变量中的坐标位置通过消息发送出来的执行效果

41

（3）传送"我"到变量保存的位置。

变量的设定是为了帮助我们更简易地回到初始位置，无论我们走到哪里，只要运行程序，就可以立刻回到之前设定的"原点"。

程序搭建如图 3-16 所示。

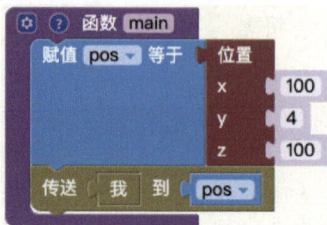

图 3-16 传送到变量存储的初始位置

实践园

请大家一起来尝试坐标传送的便捷之处吧。

讨论坊

你觉得变量在编程世界里，还有什么作用呢？

任务三 跑酷游戏挑战

我们认识了坐标，学会了如何进行坐标传送等。接下来让我们一起加入跑酷游戏，开始挑战吧！

探究屋

1. 了解跑酷游戏

大家对"跑酷"游戏都不陌生，例如汤姆猫、神庙逃亡、卡丁车等跑酷游戏，在体验速度与激情的同时，还锻炼了我们的反应能力。

今天让我们一起来设计一款属于自己的跑酷游戏吧。

2. 游戏规则设计

在《我的世界》游戏里，主人公史蒂夫和他的小伙伴们，设计了这样的跑酷游戏规则：用栅栏围一个长方形的区域，设计一定的赛道环境，添加不同的障碍物。

实践园

请在纸上先画出你要设计的关卡的草图，要求考虑：长和宽各是多少；入口和出口在哪里；障碍物设计多高；障碍物设计在哪里；用什么属性的方块代替障碍物等内容。

在《我的世界》客户端中搭建出自己的跑酷赛道，图3-17给出了一个示例。

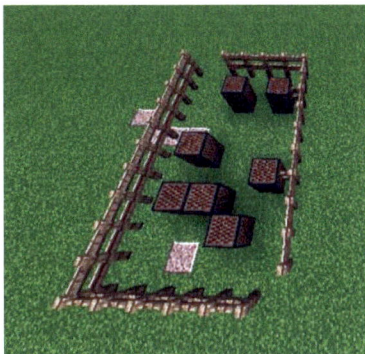

图3-17 设置跑酷赛道

讨论坊

（1）说一说你接触过的跑酷游戏，它们各有什么特点？

（2）你希望怎样设计这款个性化的跑酷游戏呢？

探究屋

3. 跑酷游戏流程图

我们在这个跑酷游戏中要求玩家必须在一定的时间内通过所有障碍物，找到出口逃生，否则会被弹向空中作为惩罚。

◆ 提示：① 比赛时间设计以秒（s）为单位；② 比赛时间结束后，检查玩家是否在赛道范围内，这可作为胜负的判断依据。

梳理程序的过程，可以分为以下几步：

（1）传送玩家到游戏的入口处（通过坐标设定游戏入口）。

（2）通知玩家游戏即将开始（广播通知）。

（3）玩家玩游戏（通过键盘，从跑酷赛道入口移动到跑酷赛道出口）。

（4）游戏时间结束，判断玩家的状态，决定输赢（判断玩家的x、z坐标是否在跑酷赛道设定的范围之内）。

流程图是用框图表示算法、工作流或流程的一种方法，它以不同类型的图形代表不同种类的步骤，每两个步骤之间以箭头连接。这种表示方法便于说明解决问题的方法。流程图在分析、设计、记录及操控许多领域的流程或程序中都有广泛应用。

43

使用图形表示算法的思路是一种极好的方法。

流程图常用符号如表 3-1 所示。

表 3-1 流程图常用符号

形 状	名 称	描 述
——→	流程符号	用来表达过程的次序
⬭	起止符号	用来表示次要或程序的开始与完结,通常里面会标上"开始""结束"或其他相关字眼
▭	程序	代表一系列程序,执行或处理某些工作
◇	决策判断	表示一个条件进程,按条件决定程序下一步的走向。通常以"是 / 否"或"真 / 假"值决定
▱	输入 / 输出	表示数据输入或输出的过程,即填入数据或显示工作结果的步骤

实践园

跑酷游戏流程图如图 3-18 所示,请大家根据流程图设计游戏。

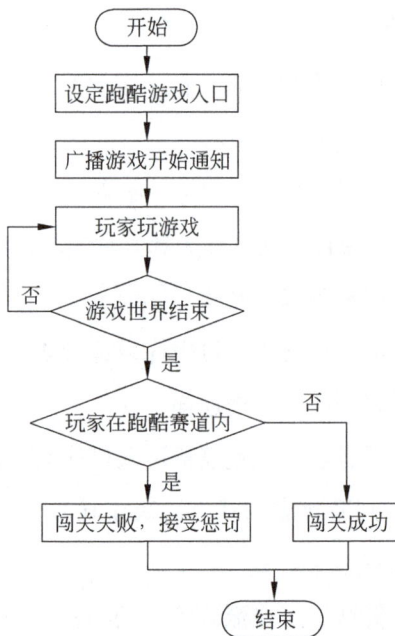

图 3-18 跑酷游戏流程图

探究屋

4. 跑酷挑战

（1）记录游戏区域 x 坐标和 z 坐标的范围，如图3-19 所示。

（2）游戏时间结束，判断输赢。

例如设定时间为1秒，然后获得"我"的位置，判断 x、z 坐标是否在预设范围，如图3-20所示。

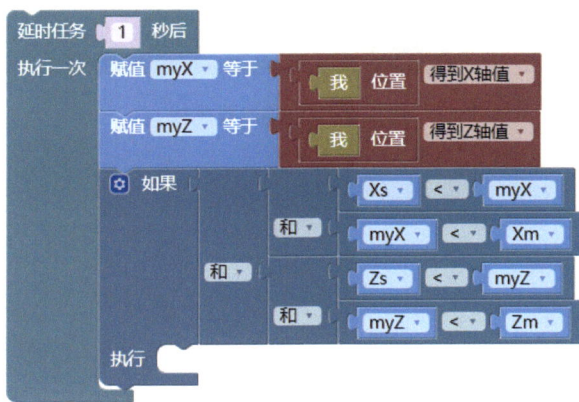

赋值 Xm 等于 17
赋值 Xs 等于 10
赋值 Zm 等于 20
赋值 Zs 等于 10

图3-19 记录坐标

图3-20 游戏时间结束判断范围

（3）对两种情况进行处理，如果失败，弹出游戏场地，否则发送消息"成功"，如图3-21所示。

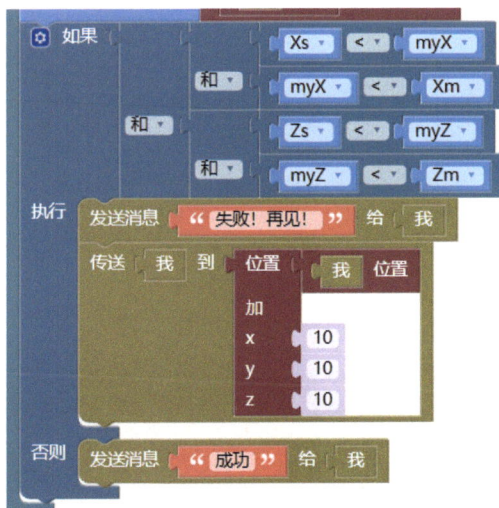

图3-21 成功和失败的处理

45

实践园

请编写和调试程序，并根据实际情况调整参数，完成跑酷游戏，如图 3-22 所示。

图 3-22　跑酷游戏挑战

项目四
史蒂夫养宠物

任务一 创建宠物

史蒂夫有了自己的家园，满足了最基本的生存需求，可他还是觉得缺少点什么……他想拥有一匹马、一群羊和几只看家护院的小狗……怎样才能得到这些宠物小伙伴呢？

探究屋

史蒂夫想先饲养一匹马，应该如何搭建程序呢？

1. 新建主函数

将 `函数` 模块中的 `⚙ ？ 函数 做点什么` 控件拖动到程序区，并将函数名称修改为 main（主函数）`⚙ ？ 函数 main`。

2. 创建一个 NPC

NPC 是 Non-Player Character 的缩写，是游戏中的一种角色类型，意思是非玩家角色，指的是游戏中不受玩家操纵的游戏角色，如宠物、保镖等都属于 NPC。NPC 常用模块如图 4-1 所示。

`赋值 npc 等于 创建NPC 类型 生物类型 马 名字 "" 地点 位置 不受伤害 假`

将 NPC 模块中的控件拖动到程序区，并嵌入主程序中。

3. 设置参数

可以在创建 NPC 时设置生物类型、名字及位置，如图 4-2 所示。

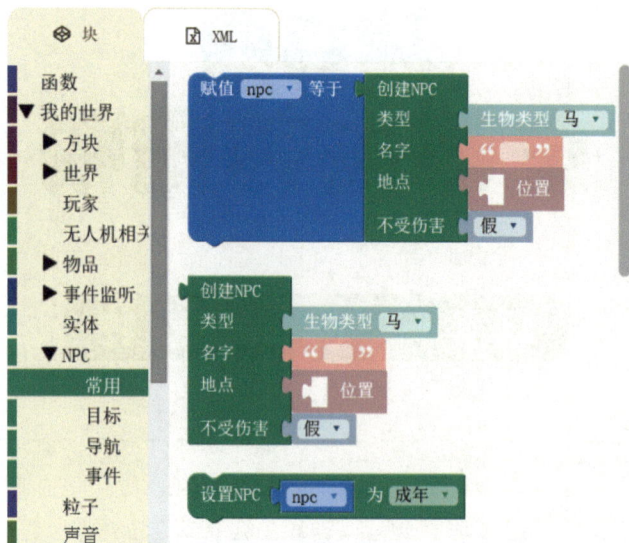

图 4-1　NPC 常用模块

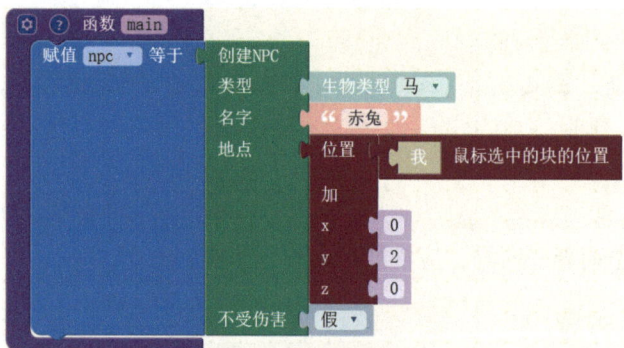

图 4-2　设置 NPC 的参数

4. 程序效果

保存并运行程序，验证效果，如图 4-3 所示。

图 4-3　验证生成 NPC 的程序

48

（1）选择一种动物作为宠物，完成创建宠物程序的编写，并在小组内交流程序中各种控件的作用。

（2）尝试创建其他种类NPC，让史蒂夫的家园热闹起来。

讨论坊

如何创建多个相同的宠物？编写程序并尝试优化程序，让程序更简洁。

任务二　设置宠物属性

我要各式各样的宠物。

探究屋

创建完宠物以后，还可以对宠物的属性进行设置。例如，可以设置宠物是否成年；可以设置宠物的相关特性（如是否可以被驾驭，是否可以飞行等）；可以将宠物传送到某个位置；可以给宠物设置装备，如图4-4所示。

1. 创建一个穿着钻石铠甲的赤兔马

1）创建主函数

将 函数 模块中的 [函数 做点什么] 控件拖动到程序区，并将函数名称修改为 main（主函数）[函数 main]。

49

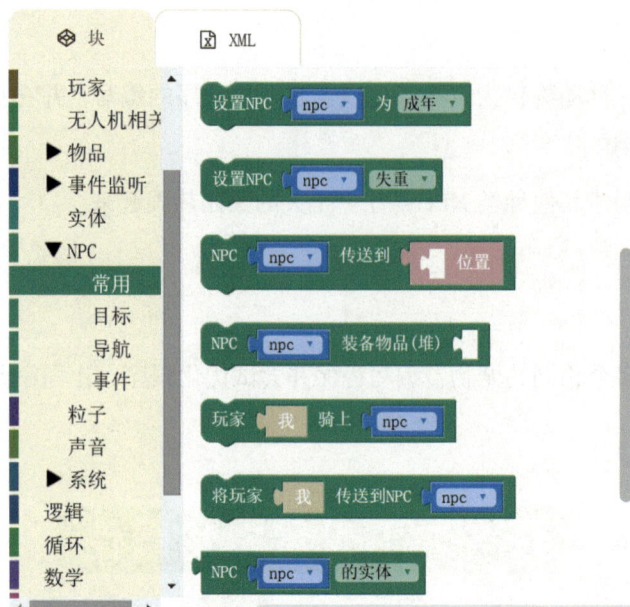

图4-4 NPC属性设置

2）创建穿着钻石铠甲的赤兔马

将 **▼NPC 常用** 模块中的 控件拖动到程序区。将

 模块中的 控件拖动到程序区，将 NPC 常用模块中的

 控件也拖动到程序区，并将控件连接起来嵌入到主函数中。程序搭建如图 4-5 所示。

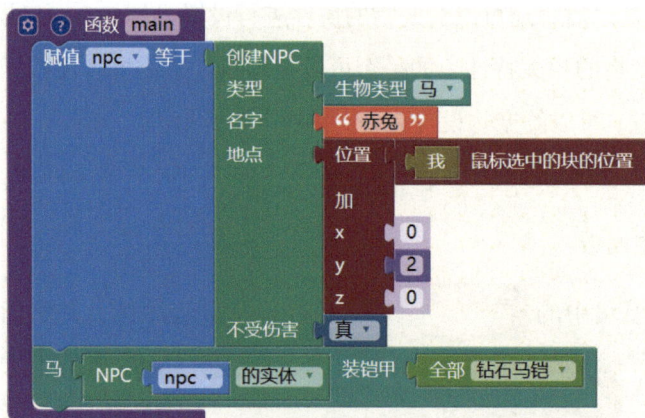

图4-5 为赤兔马穿上钻石铠甲的程序

请尝试为自己的宠物创建新属性。

2. 赋予赤兔马新的能力

1）创建NPC目标

首先，尝试创建最基本的目标：漫游（让NPC在一定范围内自由地游荡），在NPC→"目标"模块下的控件如图4-6所示。

图4-6　NPC目标

"目标"是NPC AI的一种，它会周而复始地不断执行。

2）目标的优先级

要想启用NPC的目标，必须给NPC设定优先级，如图4-7所示。

图4-7　NPC目标的优先级

如果给NPC创建多个目标，NPC会按照我们设定的优先级的先后顺序执行目标任务，如有敌对生物出现时，战斗比较重要，所以把这个目标设置成较高的优先级（数字越大，优先级越高）。

3）创建敌对生物

将 列表 模块中的 创建列表 控件拖动到程序区；将 实体 模块中的 生物类型 马 控件拖动到程序区，并将控件连接起来，如图4-8所示。

图4-8　敌对生物列表

4）创建防卫目标

右击敌对生物变量，选择"创建'敌对生物'"，如图 4-9 所示。

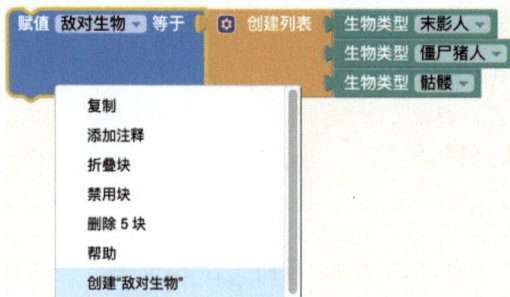

图 4-9　创建"敌对生物"

将生成的敌对生物放到 NPC 目标的防备生物类型列表中，如图 4-10 所示。

3. 创建一个开启某些目标属性的赤兔马

1）创建主函数

将 函数 模块中的 [函数 做点什么] 控件拖动到程序区，并将函数名称修改为 main（主函数）。

2）创建不同属性的赤兔马

将前面熟悉的各控件嵌入到主函数中，程序搭建如图 4-11 所示。

图 4-10　防备生物类型列表

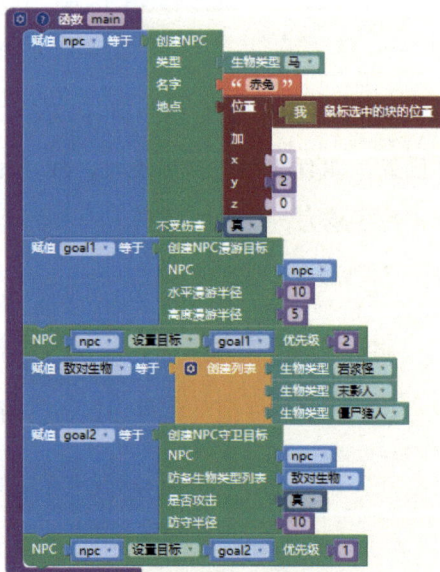

图 4-11　给赤兔马添加目标属性

（1）请编程创建宠物，并赋予宠物不同的属性。

（2）在小组内讨论各自宠物的属性，说说每个控件的作用。

任务三　找一个保镖

　　通过对宠物属性的设置，宠物形象更加生动具体，宠物功能更加齐全了。下面，让史蒂夫跟宠物朋友们一起快乐地玩耍吧！

53

探究屋

1. 会攻击的 NPC

　　像开车设置导航去某个地方一样，让 NPC 跟随一个生物，或者攻击一个生物，或者移动到一个地方，都需要使用导航模块。在 NPC →"导航"模块中，可以使用导航参数控件来获得或者设置参数，用于控制改变 NPC 的导航方式。在 NPC →"导航"模块下的控件如图 4-12 所示。

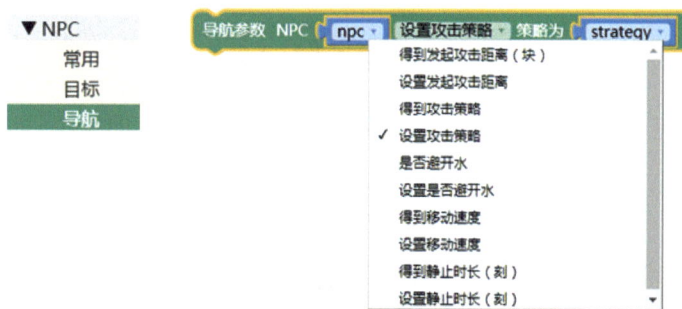

▼ NPC
常用
目标
导航

导航参数 NPC [npc ▾] 设置攻击策略 ▾ 策略为 [strategy ▾]

得到发起攻击距离（块）
设置发起攻击距离
得到攻击策略
✓ 设置攻击策略
是否避开水
设置是否避开水
得到移动速度
设置移动速度
得到静止时长（刻）
设置静止时长（刻）

图 4-12　NPC 的攻击策略

在 NPC →"导航"模块中，控件和

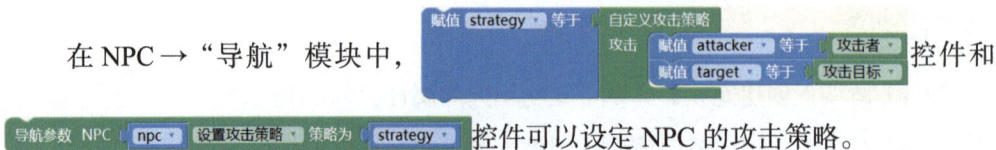

控件可以设定 NPC 的攻击策略。

需要先设置好策略，再设置导航参数，如图 4-13 所示。

图 4-13 设置 NPC 攻击策略

若给 NPC 保镖设置攻击策略，需要在之前的基础上添加如下攻击策略。

（1）创建新的 NPC 保镖 John，并设置他的漫游范围及敌对目标。

（2）设定其攻击策略为"自定义攻击策略"。

在"世界"模块中，有较多描述攻击类型的控件，如图 4-14 所示。

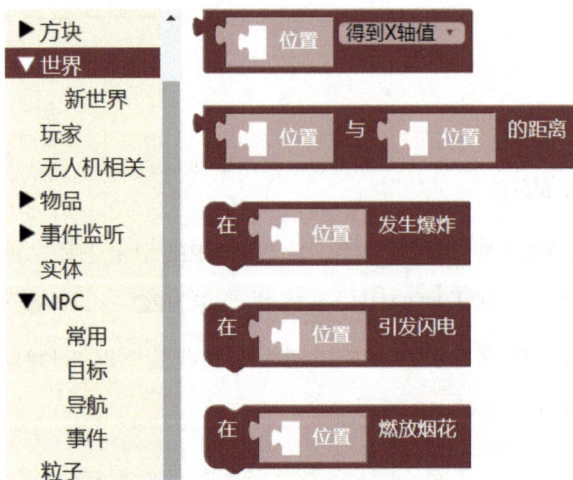

图 4-14 攻击类型的控件

例如，设定其攻击策略为"在攻击目标位置发生爆炸"的程序，如图 4-15 所示。

图 4-15 "在攻击目标位置发生爆炸"程序

完整的程序如图 4-16 所示。

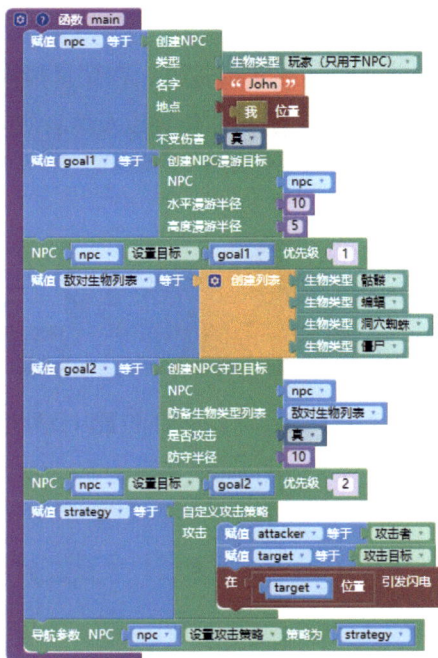

图 4-16　完整的程序

实践园

尝试创建一个自定义 NPC 目标，并改善和优化自己的程序。

探究屋

2. 创建护卫跟随

创建一个 NPC 作为玩家的保镖，只要保镖和玩家之间的距离超过 5，保镖就会立即跟上玩家。

1）创建保镖

创建 NCP 保镖 John，如图 4-17 所示。

图 4-17　创建保镖的程序

2）确定"我"和 John 的距离

在世界模块中，使用 █ 位置 与 █ 位置 的距离 控件，在变量模块中，新建 loc1、loc2 和 len 变量，可分别代表"我"和 John 的具体位置以及两者之间的距离。

程序搭建如图 4-18 所示。

图 4-18　使用变量保存"我"和 John 的位置以及两者之间的距离

3）判断是否执行目标

在 逻辑 模块中，选择 执行、真 和 █=█ 控件用于设定距离判断，以及是否执行目标。

在 玩家 模块中，拖动 发送消息"…"给 我 控件到程序区，并与其他控件连接起来，设定文本"保镖出动！"，程序搭建如图 4-19 所示。

图 4-19　判断"我"和 John 之间的距离

注意：设置局部变量 shouldExecute 等于 真 控件是执行 NPC 移动的必要条件。

4）执行跟随命令

在 导航 模块中，NPC npc 移动到 █ 位置 控件可以设置让 NPC 移动到"我"的位置，在满足条件的情况下，最后将此属性开关开启即可，如图 4-20 所示。

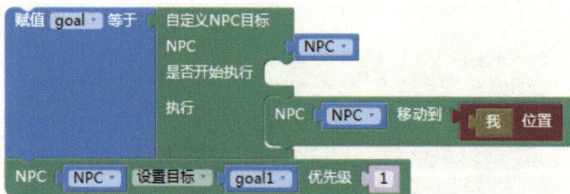

图 4-20　让 NPC 动起来

让"我"的保镖 John 动起来的全部程序，如图 4-21 所示。

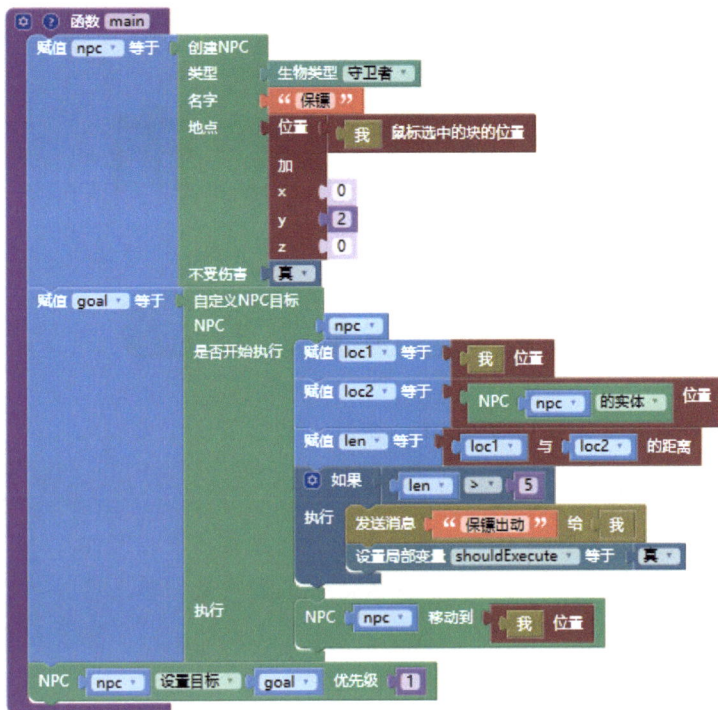

图 4-21　"保镖 John 守护我"的程序

实践园

（1）完成"我"与 NPC 宠物互动的程序编写，并在小组内交流程序中各个控件的作用。

（2）尝试优化程序，让程序更简洁。

项目五
抵御攻击

在《我的世界》中，还有可能存在一些危险的环境，例如蜘蛛、僵尸等，它们会来攻击我，我该怎样抵御攻击、保卫家园呢？

探究屋

在《我的世界》中，共有"生存""创造""冒险"和"旁观"四种游戏模式。在"生存"模式下，我们可能会受到其他实体的攻击，如僵尸、蜘蛛、史莱姆等。

1. 改变游戏模式

（1）将 [函数] 模块下的 [函数 做点什么] 控件拖动到程序区，并改为主函数 main [函数 main] 。

（2）拖动 [▼我的世界] 里 [玩家] 模块中的 [设置 我的 游戏模式 为 创造] 控件到程序区，嵌入到 main 函数控件中，并将"创造"模式改为"生存"模式，如图 5-1 所示。

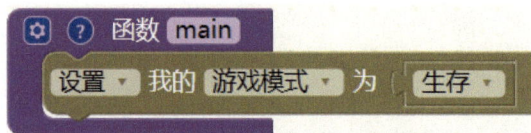

[函数 main]
[设置 我的 游戏模式 为 生存]

图 5-1　更改游戏模式程序

也可以通过命令设置游戏模式：

① /gamemode 0 是"生存"（极限）模式。

② /gamemode 1 是"创造"模式。

③ /gamemode 2 是"冒险"模式（必须用特定的武器才能消除方块）。

④ /gamemode 3 是"旁观"模式。

（3）切换到游戏客户端，执行程序，验证效果，如图 5-2 所示。

图 5-2　更改为"生存"模式后物品栏上出现血量条

2. 出现攻击者

（1）将 ▼我的世界 里 实体 模块中的 在 位置 生成实体 控件拖动到程序区。

（2）将 ▼我的世界 里 ▶世界 模块中的 位置 加 x 0 y 0 z 0 控件、 位置 控件和

玩家 模块中的 我 控件组合起来 位置 加 x 0 y 0 z 0 ，并嵌入到 在 位置 生成实体 控件中。

（3）设置随机位置出现。拖动 数学 模块下的 从 1 到 100 之间的随机整数 控件到程序区，将数值修改为 1 到 20，即 从 1 到 20 之间的随机整数 ，拖动到 x 坐标位置上。用同样的方法设置 y 坐标，如图 5-3 所示。

图 5-3　随机位置程序

拖动 ▼我的世界 里 实体 模块下的 生物类型 马 控件到程序区，嵌入到上述命令中的空白处，并将实体"马"改为"僵尸"，如图5-4所示。

图 5-4　随机位置出现僵尸程序

僵尸在白天会自燃，可以改成其他实体生物或者更改游戏的时间设置。有以下两种修改方法。

① 运行命令修改如下。

（1）/time set day　白天

（2）/time set night　黑夜

② 运用"玩家"模块下的 玩家 我 运行命令 " time set day " 控件修改。

（4）切换到游戏客户端，执行"代码书"，验证效果，如图5-5和图5-6所示。

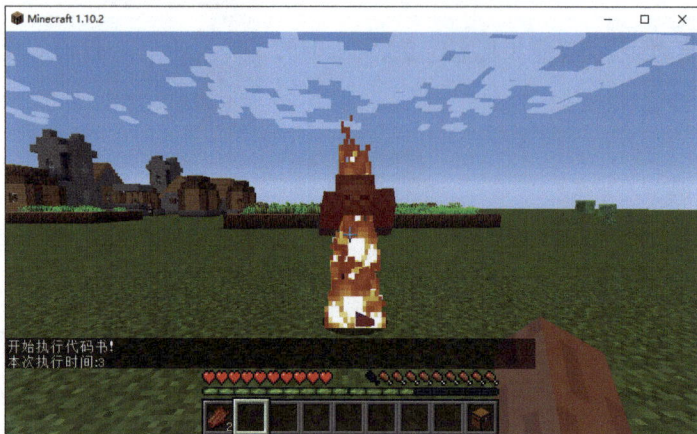

图 5-5　白天运行"代码书"生成僵尸发生自燃

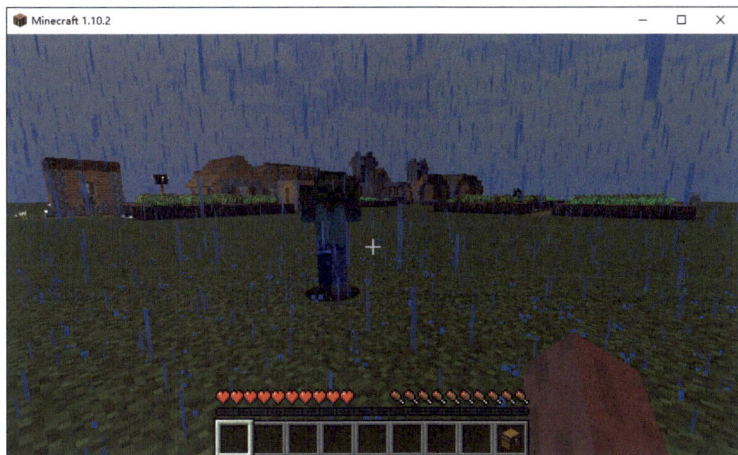

图 5-6 阴雨天气运行"代码书"生成僵尸

实践园

（1）编程实现其他类型的攻击者。

（2）编程实现扩大僵尸随机出现的范围。

（3）利用重复执行命令，尝试在不同的位置出现多个攻击者。

61

任务二 玩 家 反 击

面对攻击，我们要勇敢地站起来，抵御。

探究屋

1. 监听是否被攻击

（1）将 ▼我的世界 → ▼事件监听 → 实体事件 模块下的控件（图5-7）拖动到程

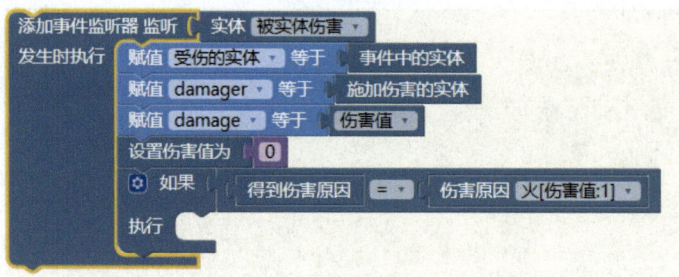

序区。

图 5-7 "实体事件"模块下的控件

（2）设置僵尸对玩家的伤害值为 1，并将判断语句"如果"后面的条件控件删除，如图 5-8 所示。

图 5-8 监听控件

监听就是让计算机等待一个事件的自然发生，然后做出相关的反应，如等待鼠标单击按钮就是实现单击发生时打开一个新的页面。

2. 进行反击

（1）当僵尸对玩家进行伤害，即伤害值大于等于 1 时，玩家对僵尸进行"抛射箭"的反击。拖动 逻辑 模块下的 控件到程序区，修改逻辑关系为 ≥。

（2）将 变量 模块下的变量 damage 和 数学 模块下的 0 嵌入到 控件中，并将数值改为 1，即 damage ≥ 1 。

（3）将判断条件 damage ≥ 1 连接在判断语句"如果"控件之后，即 如果 damage ≥ 1 执行 。

（4）拖动 ▼我的世界 里 玩家 模块下的 我 发射 抛射物类型 箭 速度 1 倍 控件到程序区，嵌入到 如果 damage ≥ 1 执行 中，如图 5-9 所示。

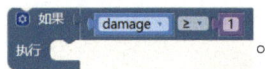

图 5-9 判断反击程序

（5）完整事件监听程序如图 5-10 所示。

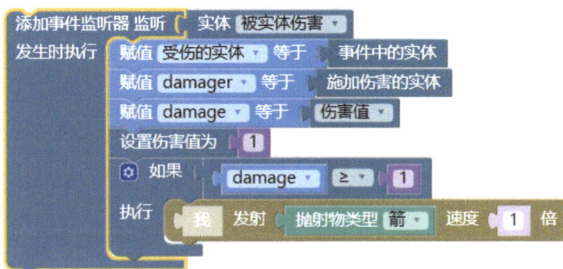

图 5-10 事件监听程序

（6）切换到游戏客户端，执行"代码书"，验证效果，如图 5-11 所示。

图 5-11 玩家反击程序效果

实践园

利用 控件获取每次僵尸对"我"的伤害值。

讨论坊

如果将伤害值设置为 10，程序运行会有怎样的结果？

63

任务三　战役成绩

这次战役中，我们到底打败了多少攻击者呢？

探究屋

1. 设置变量

单击 变量 模块下的 新变量... 按钮，输入变量名称为"消灭攻击者数量"，单击"确定"按钮，如图5-12所示。

> www.helloworldroom.com 显示
>
> 新变量的名称：
>
> 消灭攻击者数量
>
> 取消　确定

图5-12　新建变量

2. 数量统计

（1）设置变量初始值为0。拖动 变量 模块下的 赋值 消灭攻击者数量 等于 控件和 数学 模块下的 0 控件到程序区并将它们连接起来，即 赋值 消灭攻击者数量 等于 0 ，然后把它连接到判断语句之前。

（2）拖动图5-13所示程序到程序区，删除事件中的控件集，并将事件改为"实体死亡"，即 添加事件监听器 监听 实体 实体死亡 发生时执行 。

（3）将 将 消灭攻击者数量 增加 1 控件嵌入到上述监听事件中，如图5-14所示。

3. 显示数量

（1）将 ▼我的世界 里 玩家 模块下的 发送消息 " " 给 我 控件拖动到程序区。

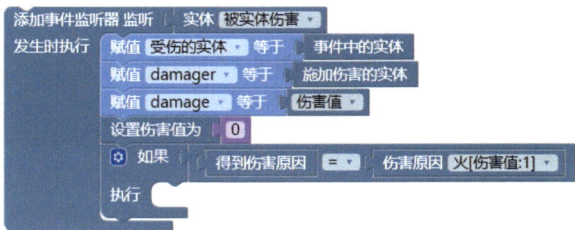

图 5-13　删除事件中的控件集

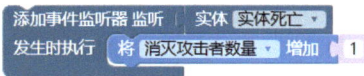

图 5-14　将控件嵌入到监听事件中

（2）拖动 **文本** 模块下的 **连接字符串** 控件、**" ▉ "** 控件及 **变量** 模块下的变量 **消灭攻击者数量** 控件到程序区，并将它们组合起来，输入文字"消灭的攻击者数是"，即 **连接字符串 "消灭的攻击者数是" 消灭攻击者数量**，作为发送消息的程序，如图 5-15 所示。

图 5-15　计数播报程序

4. 完整程序

完整程序如图 5-16 所示。

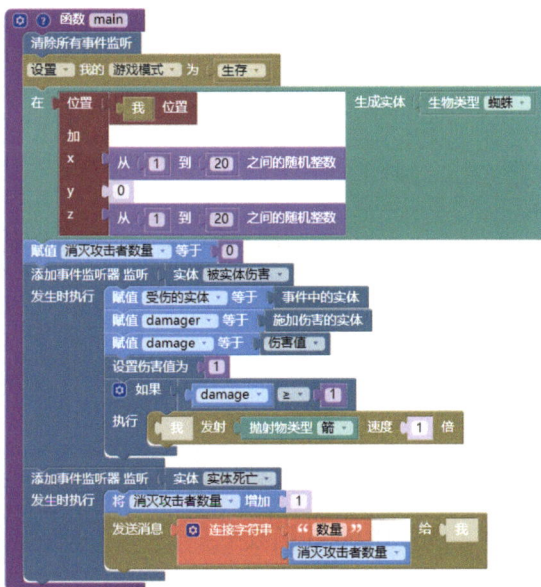

图 5-16　完整程序

65

5. 程序效果

切换到游戏客户端，执行"代码书"，验证效果，如图 5-17 所示。

图 5-17　验证程序执行效果

任务四　NPC守卫者

NPC 也可以成为我们家园的守卫者，帮助我们抵御攻击，保卫家园。我们可以在家园的附近生成 NPC，让 NPC 进行巡逻，遇到攻击者就进行反击。

探究屋

1. 生成 NPC 守卫者

（1）拖动 main 函数控件到程序区。拖动 ▶NPC 里 常用 模块下的 消灭所有NPC 控件到程序区，嵌入到 main 函数中。

（2）拖动 ▶NPC 里 常用 模块下的 控件到程

序区。

（3）修改生物类型为"玩家（只用于NPC）"，名字为"守卫者"，地点为 ![我 位置]，不受伤害为"假"，如图5-18所示。

图5-18　生成NPC守卫者程序

2. 设置NPC的目标策略

（1）拖动 ▶NPC 里 目标 模块下的 ![控件] 控

件到程序区，与上述控件连接起来。

（2）列表类似于一种清单，它可以同时存储多个、多类型、不限长度的变量。单击"列表"模块下"分建列表"控件左上角的小齿轮，可以增加列表存储变量的个数，如图5-19所示。

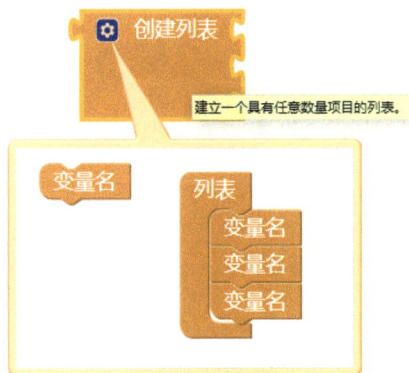

图5-19　创建列表

（3）设置NPC的防守生物类型。拖动 列表 模块下的 ![创建列表] 到程序区，

并将其连接到 ![控件] 控件"防备生物类型列表"后，如

67

图 5-20 所示。

（4）添加需要防备的生物。拖动多个 生物类型 马 控件到 创建列表 控件后连接起来，并修改生物类型，如图 5-21 所示。

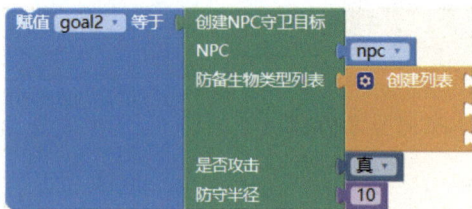

图 5-20　防备生物类型列表

图 5-21　列表程序

（5）拖动  目标 模块下的 控件到程序区连接起来。

3. 设置目标的优先级，启动目标

在目标策略中，优先级数字大的目标先执行。

将 NPC npc 设置目标 goal1 优先级 1 控件拖动到程序区，因为要先执行目标 goal2，所以在这里分别设置 goal2 的优先级为 2，goal1 的优先级为 1，如图 5-22 所示。

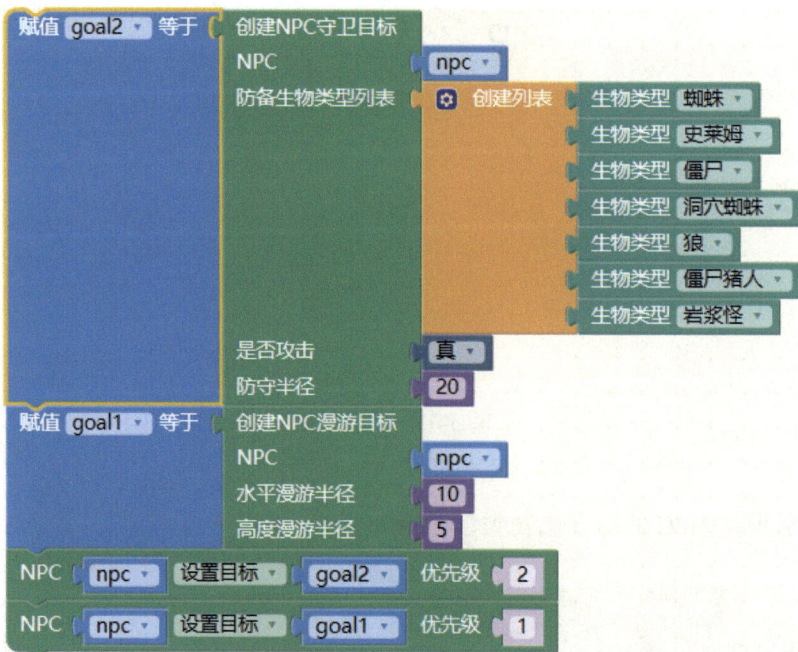

图 5-22　NPC 目标设置程序

4. NPC 守卫者的反击

设置监听事件。拖动 ▶NPC 里 事件 模块下的

控件到程序区，添加反击程序，如图 5-23 所示。

图 5-23 NPC 反击程序

5. 完整程序

完整程序如图 5-24 所示。

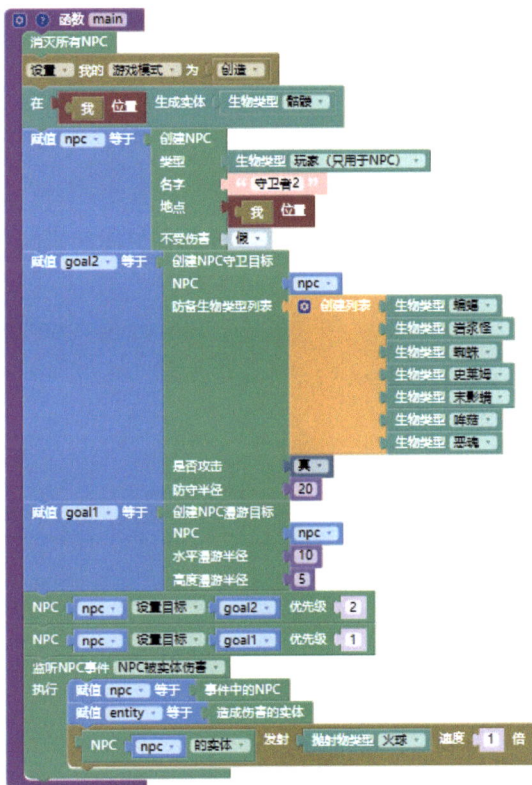

图 5-24 NPC 守卫者完整程序

6. 程序效果

切换到游戏客户端，执行程序，验证效果，如图 5-25 所示。

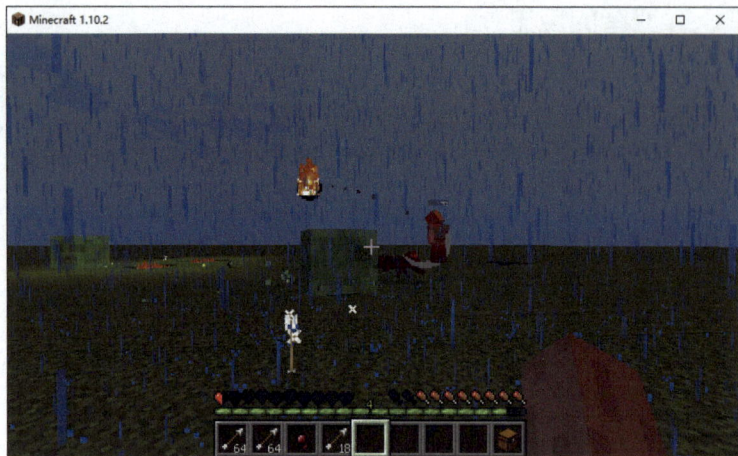

图 5-25　NPC 守卫者程序执行效果

实践园

尝试扩大 NPC 的巡逻范围。

讨论坊

如果不使用 消灭所有NPC 控件，对程序运行会有怎样的影响？

项目六
史蒂夫去终界

任务一　搭建传送门

伙伴们，建好的家园居然被病毒、怪兽破坏了，还把其他人抓到了终界，让我们准备好营救他们吧！

我要带足人马和武器装备，开启终界大门，解救亲爱的伙伴。

探究屋

1. 传送门的搭建

1）新建传送门

在 ▼方块 常用 模块中，可以找到 下界 下界传送门▼ 控件，结合之前学习的"无人机相关"模块，动手完成传送门的搭建。

2）定位传送门

在 无人机相关 模块中，找到 赋值 d▼ 等于 生成无人机 控件，将其拖动到程序区，就可以新建一个无人机了，用无人机放置传送门，简单的传送门就搭建好了，程序如图 6-1 所示。

图 6-1　使用无人机放置传送门

3）运行程序，验证效果，如图 6-2 所示。

图 6-2　使用无人机放置传送门

实践园

完成简易传送门的搭建，并在小组内交流程序中各控件的作用。

探究屋

2. 扩大传送门

如果需要做一个 4×4 的正方形传送门，可以用什么实现呢？

在 循环 模块中的 重复 10 次 执行 控件可以帮助我们快速生成 4×4 的正方形传送门。

（1）新建 4×1 的长条形传送门，程序如图 6-3 所示。

图 6-3　新建 4×1 的长条形传送门

◆ **提示：** 完成4×4传送门的搭建，可以先在空白纸上画出传送门的样子，分析好无人机的方向，就可以开始循环了。

（2）旋转方向。

将 无人机相关 模块中的 无人机 d 向 下 移动 4 块 拖动到程序区并连接在 重复 10 次 执行 下方，如图6-4所示。

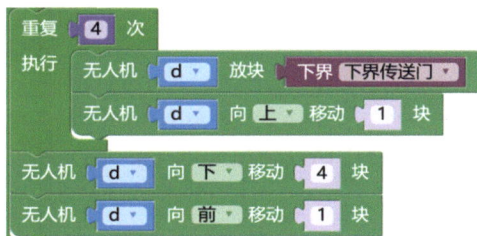

图6-4 无人机旋转方向

（3）完成正方形的传送门，程序如图6-5所示。

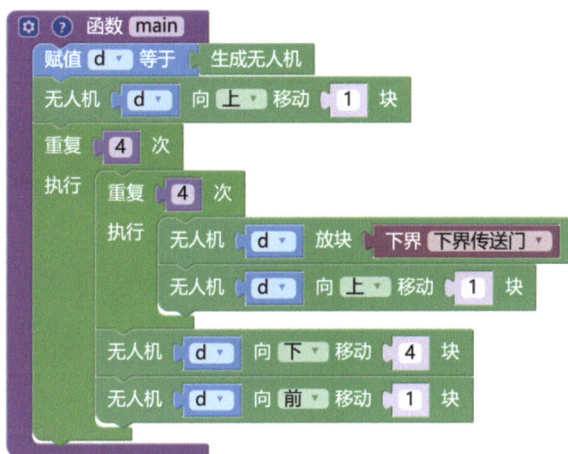

图6-5 正方形的传送门程序

（4）运行程序验证效果，如图6-6所示。

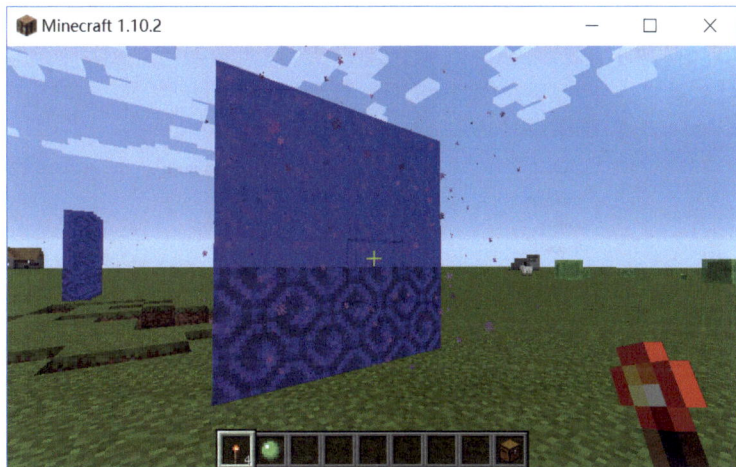

图6-6 正方形传送门程序运行效果

实践园

完成传送门的搭建，并在小组内交流程序中各个控件的作用。

讨论坊

传送门已经搭建完成了，请同学们利用所学知识将传送门装饰得更好看吧。

任务二　附魔武器

终界的大门被打开后，从传送门中传出阵阵低沉的嘶吼声，真是太吓人了。

我要锻打好武器，带全装备，去终界与病毒和妖怪战斗。

探究屋

1. 构建弓箭

（1）新建变量弓。借助 变量 模块中的 赋值 d 等于 控件，并将变量名变为武器的名字，如图 6-7 所示。

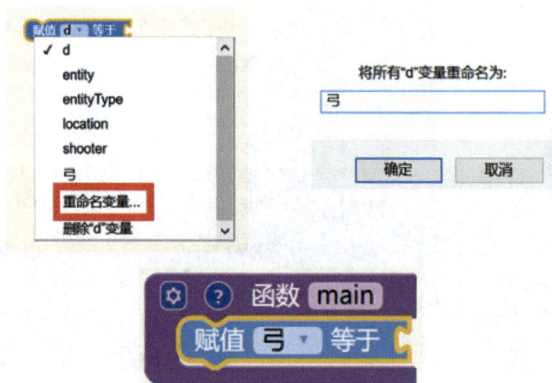

图 6-7　新建变量"弓"

（2）新建物品弓。物品堆是多个物品或方块堆叠在一起，在物品堆中可以设置物品的材质、数量等属性。利用 物品堆 模块中的控件，对弓的材质和数量进行设置。

创建物品堆
材质　　　　　全部材质 铁剑 ▾ 匹配关键字 剑
数量　　　　　1
附加值(耐久值)　空
自定义名称　　　空
注释(信息列表)　空

在 物品材质 模块 全部材质 铁剑 ▾ 匹配关键字 剑 控件中进行物品材质的设置，使用时需要先匹配关键词，再挑选与关键词匹配的材质就能成功设置物品属性了。

设置好物品之后，还需要将设置的物品放在合适的位置上，可以使用"物品堆"模块中的 获得 ▾ 生物 我 手上 ▾ 的物品堆 控件设置物品的所属对象，单击"获得"修改为"设置"，可以设定物品的摆放位置，如图6-8所示。

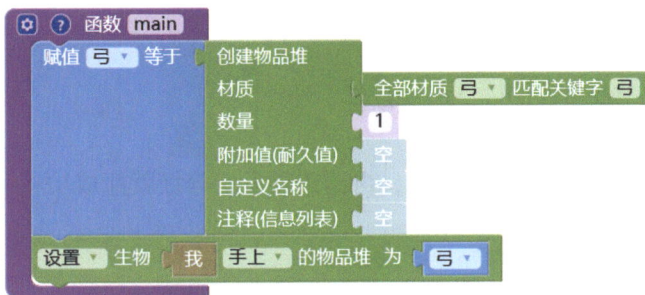

图 6-8　新建物品"弓"

（3）运行程序，验证效果，如图6-9所示。

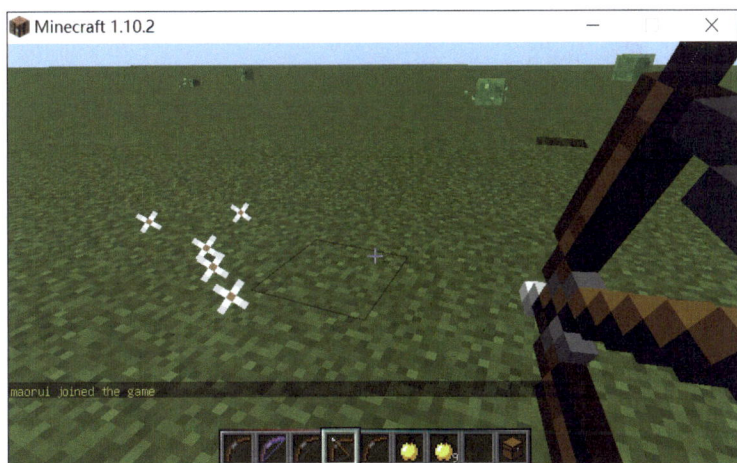

图 6-9　执行程序后，在"我"的手上出现弓

实践园

完成建造弓箭程序的编写，并在小组内交流程序中各个控件的作用。

讨论坊

讨论还需要携带哪些物品去终界（说明携带它们的理由），并尝试编写程序。

探究屋

2. 给弓箭附魔

（1）附魔弓箭。附魔是改变物品性质的重要功能，被附魔之后的物品会改变性质和等级，在外观上也会更有魔幻的效果。

利用 附魔 模块中的"附魔物品"控件 ，按照控件的提示，放好物品堆的名称，找到附魔类型，再给武器设置等级就能成功将弓箭附魔了，如图 6-10 所示。

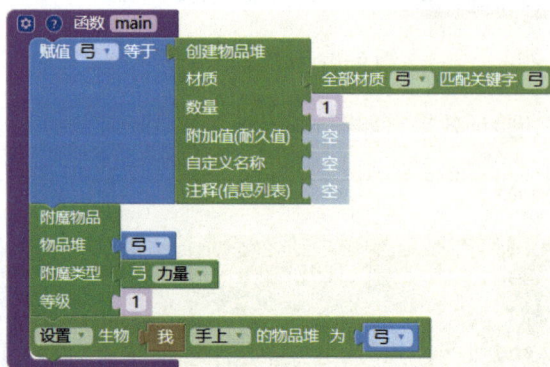

图 6-10　给"我"手上弓箭附魔

（2）运行程序，验证效果，如图 6-11 所示。

实践园

完成附魔弓箭程序的编写，尝试给其他物品附魔，并在小组内交流程序中各个控件的作用。

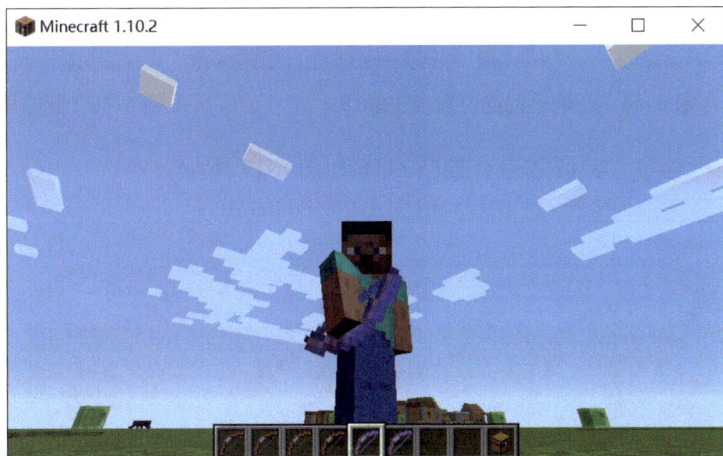

图 6-11 弓箭附魔程序执行效果

探究屋

3. 增强附魔弓箭威力

利用"事件监听"模块给弓箭增加威力，由于弓箭属于抛射武器，那么在选择事件时应当使用"事件监听"模块中的 抛射事件 控件，如图 6-12 所示。

下面分析弓箭爆炸的过程：抛射弓箭→弓箭落地的位置发生爆炸→当爆炸发生后原来的弓箭消失。

这三个过程可以转化为三个问题并写出相应的程序。

（1）谁是抛射的人？解决这个问题要用到逻辑模块中的等号运算符，将玩家"我"赋值给投射手，如图 6-13 所示。

图 6-12 监听抛射事件

图 6-13 将玩家"我"赋值给投射手

（2）抛射了什么，在哪里发生爆炸？利用上述同样的方法可以将附魔弓箭赋值给投射物。在 ▶世界 模块中的 在 位置 发生爆炸 控件可以实现附魔弓箭爆炸的效果，如图 6-14 所示。

（3）发生爆炸之后抛射的箭怎么办？利用"我的世界"→"事件监听"→"实体"模块中的"删除实体"控件让抛射出的弓箭消失即可，如图 6-15 所示。

77

抛射物 类型 ▼ ＝ 抛射物类型 箭 ▼　　　在 抛射物 位置 ▼ 发生爆炸　　　删除实体 抛射物 本身 ▼

图 6-14　在箭落地的位置发生爆炸　　　　　　　图 6-15　删除导致爆炸的箭

（4）运行程序，验证效果，如图 6-16 和图 6-17 所示。

图 6-16　执行程序后，射出弓箭

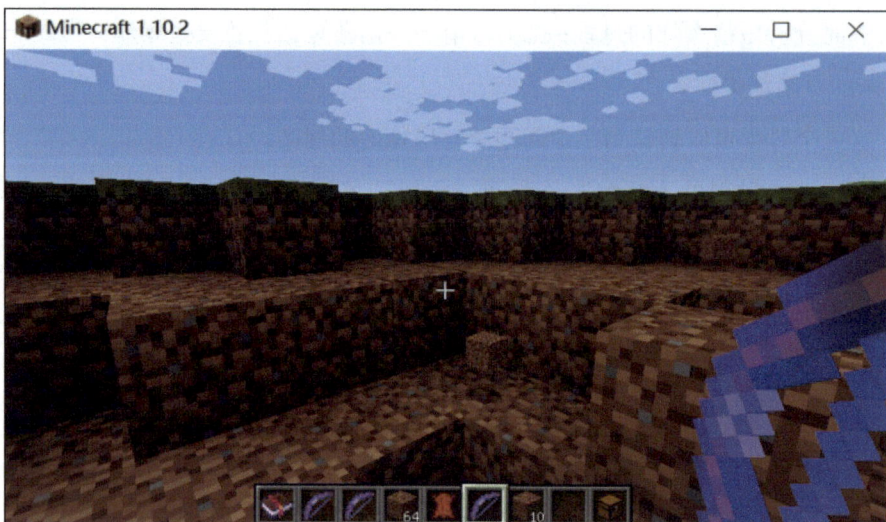

图 6-17　在弓箭位置发生爆炸

实践园

完成附魔弓箭爆炸的程序编写，并在小组内交流程序中各个控件的作用。

　　如图 6-18 所示，想一想用什么样的逻辑关系才能侦测到附魔弓箭已经被史蒂夫抛射出去呢？

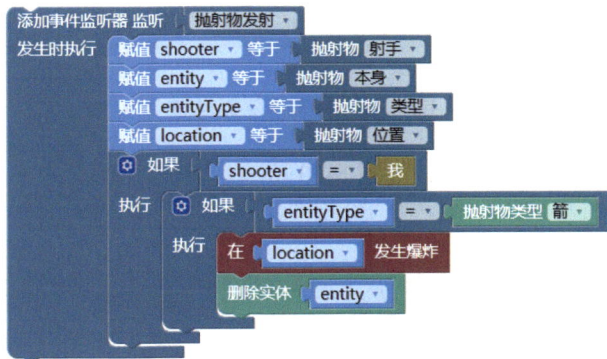

图 6-18　监听弓箭是否被射出

任务三　装　　备

　　任务二通过小伙伴们的努力制作了威力无边的附魔弓箭，但是没有很好的防御装备还是有危险，我要好好装备一下才行呀！

1. 穿戴盔甲

　　（1）穿戴头盔。利用"我的世界"→"物品"→"物品堆"模块 物品堆 中的 获得 生物 我 手上 的物品堆 控件，可以完成穿戴头盔。

　　先将控件调成"设置"状态 设置 生物 我 手上 的物品堆 为 ，再将对应的模块按要求填写要完成的任务，如图 6-19 所示。

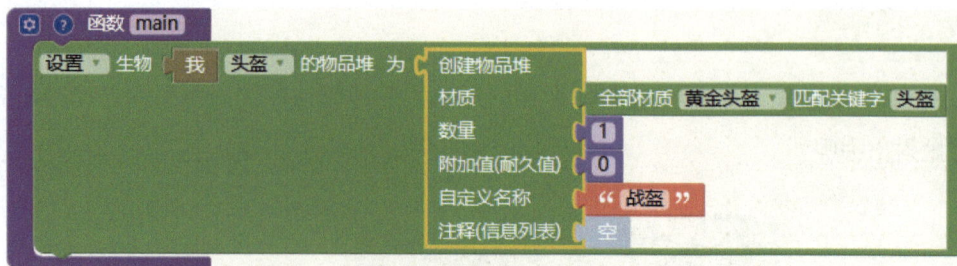

图 6-19　穿戴头盔的程序

（2）运行程序，验证效果，如图 6-20 所示。

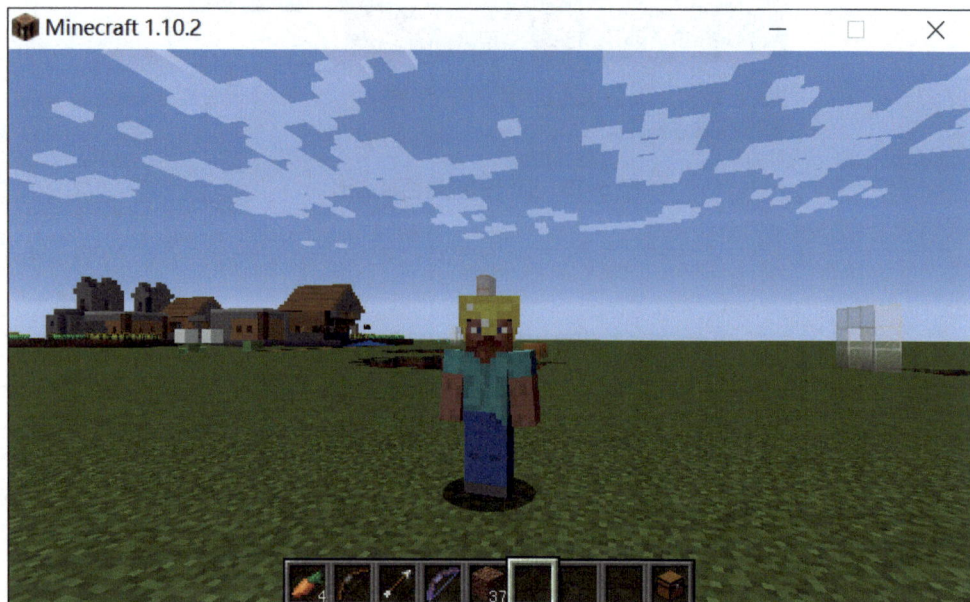

图 6-20　穿戴头盔的执行效果

（3）穿戴护甲战靴。利用相同的方法完成护甲、战靴，为了节省编程时间，可以采取复制、粘贴的方法快速编写程序，只须修改好物品堆的对象和材质即可，如图 6-21 所示。

（4）运行程序。按 F3 键，以第二人称视角查验结果，如图 6-22 所示。

实践园

完成头盔、胸甲、护腿、靴子的程序编写，并在小组内交流程序中各个控件的作用。

图 6-21　穿戴护甲、战靴程序

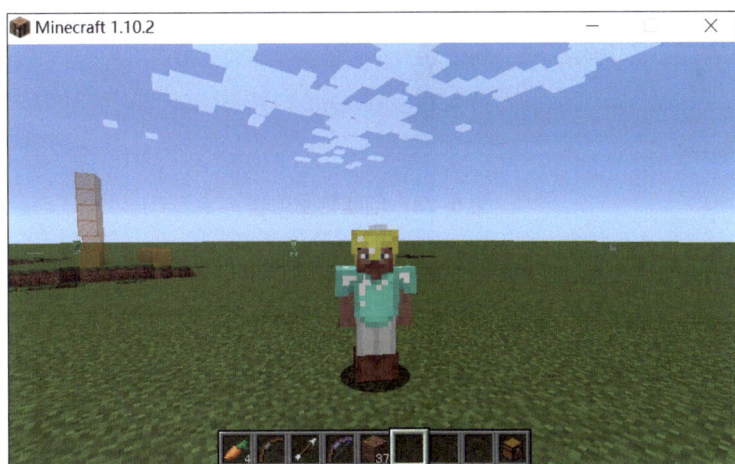

图 6-22　穿戴护甲、战靴程序执行效果

讨论坊

史蒂夫穿上盔甲之后就只能改变盔甲的材质，你能想想办法让史蒂夫脱去盔甲吗？

探究屋

2. 史蒂夫的百宝箱

1）制作百宝箱

利用"物品"→"物品栏"模块 物品栏 中的"创建物品栏"控件创建百宝箱，用变量进行保存，物品栏名称可以自定义，如图 6-23 所示。

图 6-23　创建百宝箱

利用"列表"→"创建列表"控件 创建列表 存储百宝箱中的各种物品，并给列表起名字，如图 6-24 所示。

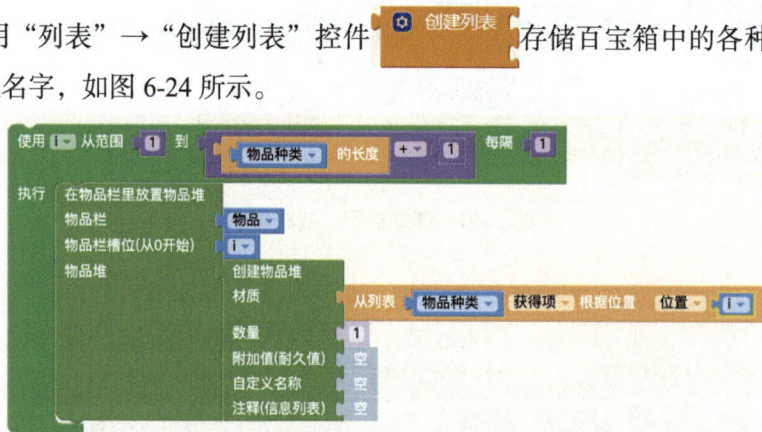

图 6-24　创建物品列表

如图 6-25 所示，利用 for 循环将列表中的每一个物品取出并放到百宝箱中。由于列表的序号是从 0 开始的，所以 for 循环中的起始数为 0，终止数为列表长度减 1 物品种类 的长度 - 1 。

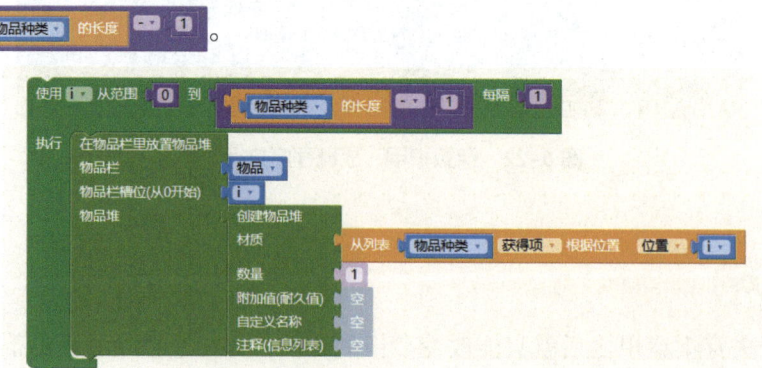

图 6-25　遍历物品列表

◆　**注意:** 每一个物品放到物品栏中的槽位都不能相同, 否则前一个物品将会被覆盖。

打开百宝箱 [我 打开 物品栏 物品], 完整程序如图 6-26 所示。

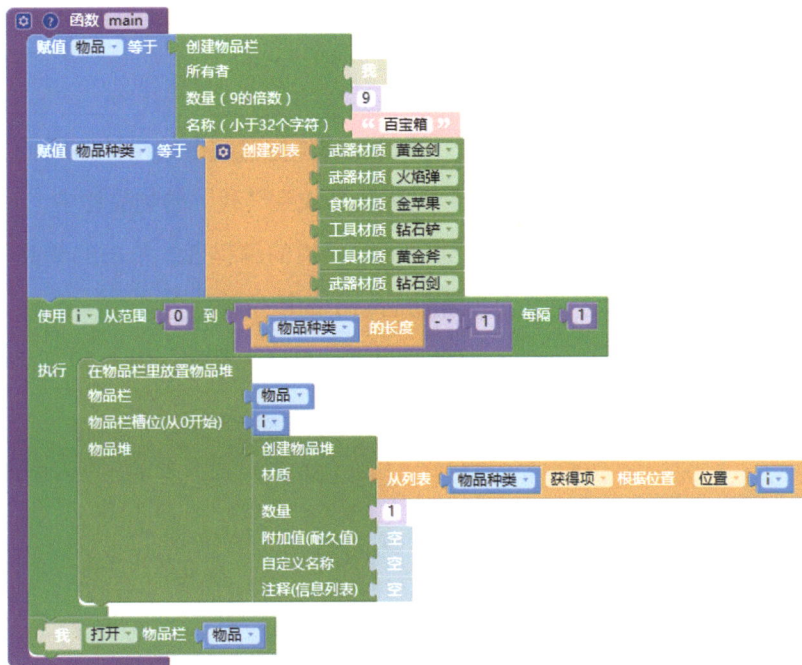

图 6-26　制作百宝箱的程序

2)运行程序

运行程序, 验证效果, 如图 6-27 所示。

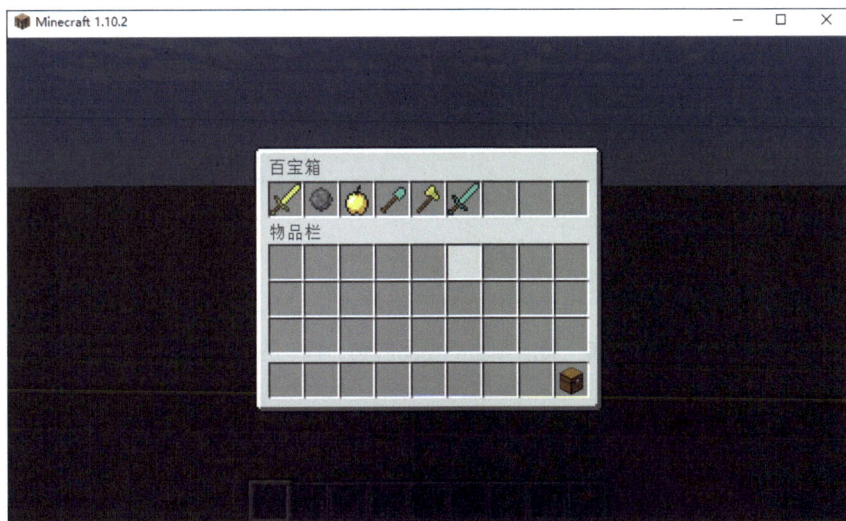

图 6-27　百宝箱程序运行效果

实践园

完成制作百宝箱程序的编写，并在小组内交流程序中各个控件的作用。

探究屋

3）获取百宝箱中的物品

利用"事件监听"→"物品栏事件"模块 物品栏事件 中的事件监听任务，监听是否有百宝箱中的物品，若有，单击物品将物品放到"我"的物品栏中。

从图 6-28 所示模块中可以获取到单击物品栏的编程者、单击的物品栏、单击的动作、单击的物品、单击的物品所在物品栏中的槽位等信息。

为了让监听任务不影响他人，将监听设置给自己，程序如图 6-29 所示。

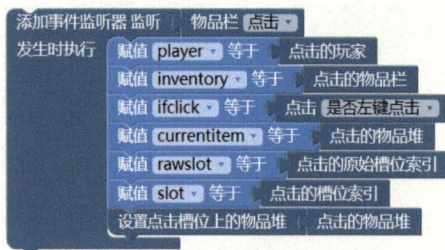

图 6-28　获取物品信息

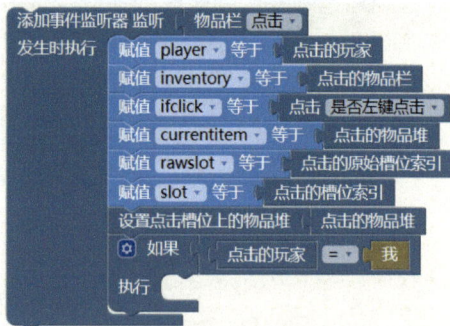

图 6-29　将监听设置给自己

将所单击的物品放到"我"的物品栏中以便使用，如图 6-30 所示。

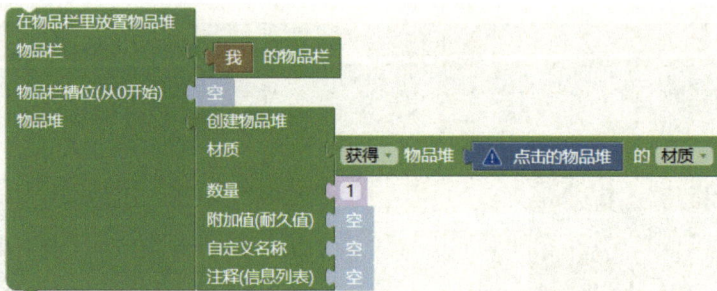

图 6-30　将所单击的物品放到"我"的物品栏

完整程序样例如图 6-31 所示。

4）运行程序

运行程序，验证效果，如图 6-32 所示。

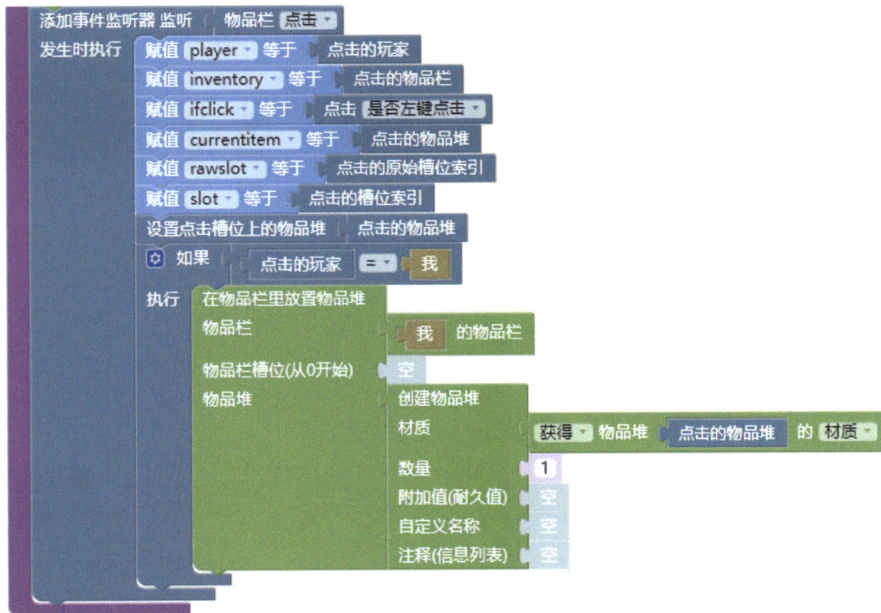

图 6-31　完整程序

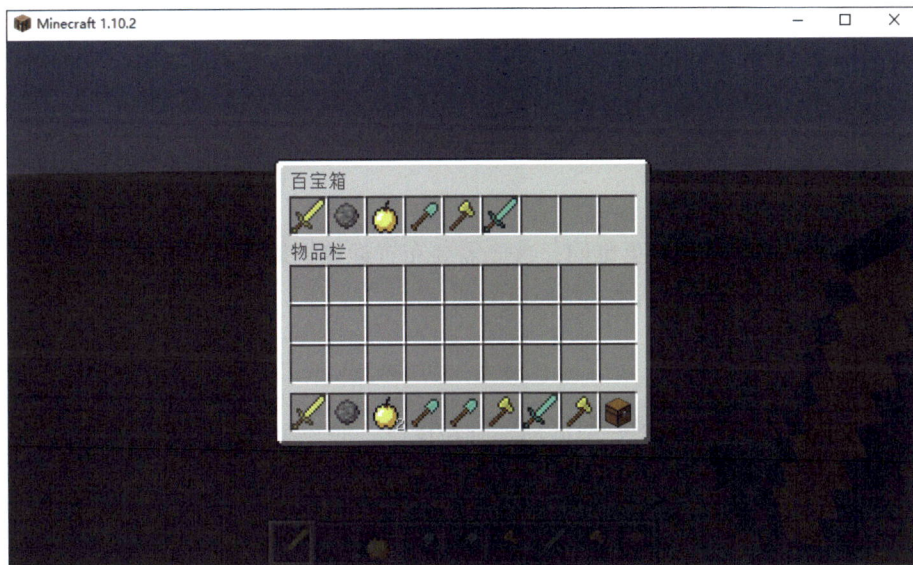

图 6-32　验证程序执行效果

单击物品即可获取到单击的物品，按 Esc 键可以退出百宝箱界面。

实践园

完成百宝箱完整程序的编写，并在小组内交流如何设置种类更多的百宝箱。

项目七
庆祝胜利

任务一　演奏音乐

终于我带领军队战斗，取得了胜利，在这激动人心的时刻，让我们举行一场庆典活动，庆祝胜利吧！

探究屋

1. 凯旋归来

为了迎接胜利归来的英雄们，首先需要布置迎接场地，即铺设红地毯和摆放鲜花，同时播放欢庆音乐，开启欢庆典礼。

1）铺设红地毯

将 ⚙️ ❓ 函数 做点什么 控件拖动到程序区，并将函数名称修改为 main（主函数）。将 无人机相关 模块中 赋值 d 等于 生成无人机 在 位置 控件拖到程序区，选择玩家 我 的位置，利用已学的 无人机 d 向上 移动 1 块 移动控件和 无人机 d 放块 放置控件等，结合 循环 模块中 重复 10 次 执行 控件铺设红地毯。完整程序如图 7-1 所示。

2）摆放鲜花

在"铺设红地毯"程序的基础上，运用相同的方法，修改相应数值，摆放鲜花，如图 7-2 所示。

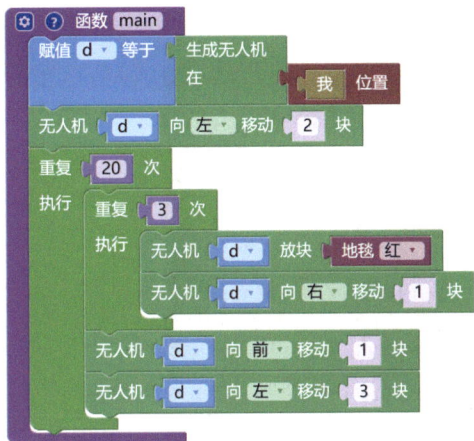

图 7-1 "铺设红地毯"程序

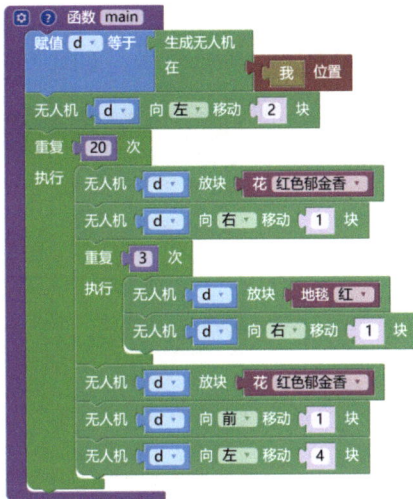

图 7-2 "摆放鲜花"程序

3）播放欢庆音乐

"声音"模块提供了不同的声音、音效、音乐，可以让我们像调音师一样控制声音的播放，满足特定场合的需要。

将 声音 模块中的 玩家 我 播放 圣诞快乐 速度 快 控件拖动到程序区，选择 玩家 模块中的 我 控件嵌入其中。选择欢庆音乐"圣诞快乐"并将控件连接起来，如图 7-3 所示。

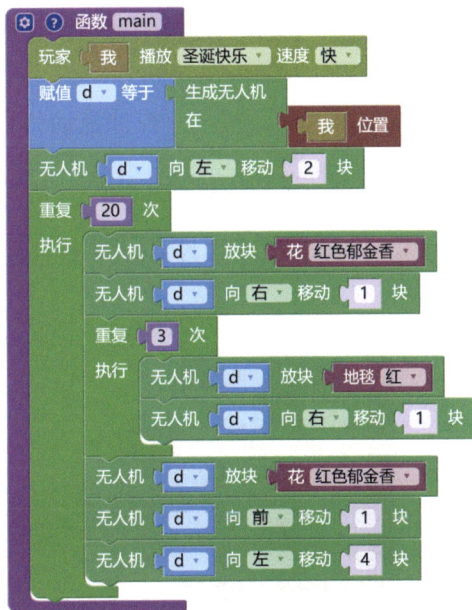

图 7-3 播放欢庆的音乐程序

4）运行程序

运行程序，验证效果，如图 7-4 所示。

图 7-4　程序运行效果

2. 播放庆典礼花音效

欢庆典礼上，人们载歌载舞、欢呼雀跃，礼花声不绝于耳。

1）播放烟花爆炸音效

"声音"模块可以播放一些基本音效，如针对村民、马、烟花、敌对生物、非敌对生物、环境、打破物品等的音效，还可以播放不同音调的曲子以及四首特定的音乐。

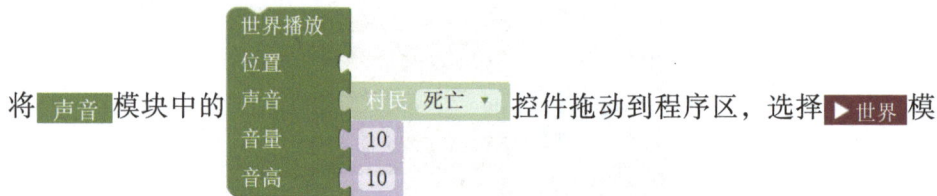

将 声音 模块中的 世界播放位置 声音 村民 死亡 音量 10 音高 10 控件拖动到程序区，选择 ▶世界 模块中的 位置 控件和 烟花 烟花爆炸 音效嵌入其中，并将控件连接起来。程序如图 7-5 所示。

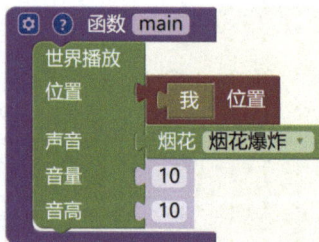

图 7-5　播放礼花音效的程序

运行程序，验证声音效果。

2）播放烟花组合音效

"声音"模块可以在指定位置播放指定的声音，也可以在指定位置让指定玩家播放指定的声音。

将 系统 → 定时与延时 模块中的 "延时任务 1 秒后 执行一次" 控件拖动到程序区，修改延时任务时间为 0.5 秒，并利用相同的办法搭建"烟花闪烁"音效 嵌入其中，完整程序如图 7-6 所示。

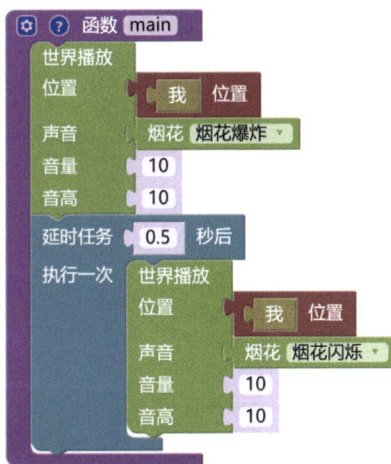

图 7-6　在指定位置定时播放音效的程序

讨论坊

"声音"模块中的"世界播放"控件能让在线的所有玩家听到声音，那么如何让指定玩家在指定位置听到播放的烟花音效呢？请大家进行小组内讨论，并交流实现方法。

探究屋

3. 弹奏乐曲——《欢乐颂》

庆典活动上，史蒂夫为大家弹奏了一首乐曲表达此刻激动的心情。

1）播放单个音符

新建程序。将 `函数 做点什么` 控件拖动到程序区，并将函数名称修改为 main（主函数）。将 `声音` 模块中 `播放 正常节奏 玩家 曲` 控件拖动到程序区，并嵌入主函数中。再分别将 `乐器 低音鼓` 控件和 `音调 Low F#` 控件拖动到程序区并连接起来嵌入其中，添加 `休止` 控件，同时设置玩家为 `我`，修改乐器为"钢琴"、音调为"C#"、节奏速度为"快节奏"，完成《欢乐颂》乐曲的第一个音符，程序如图 7-7 所示。

2）弹奏第一句乐曲

将 `定时与延时` 模块中的 `延时任务 1 秒后 执行一次` 控件拖到程序区，调整延时任务时间，按照相同的方法，设置"玩家""乐器""音调"和"节奏"，如图 7-8 所示。

图 7-7　播放单个音符的程序

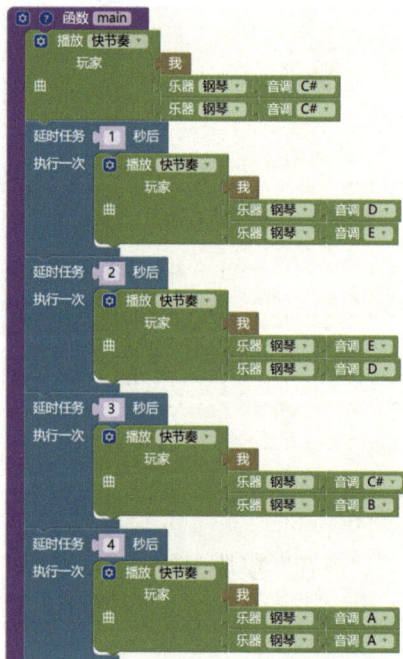

图 7-8　弹奏第一句乐曲的程序

3）演奏完整乐曲

以此类推，依据《欢乐颂》的曲调，用相同的方法设置完整的乐曲，程序如图 7-9 所示。

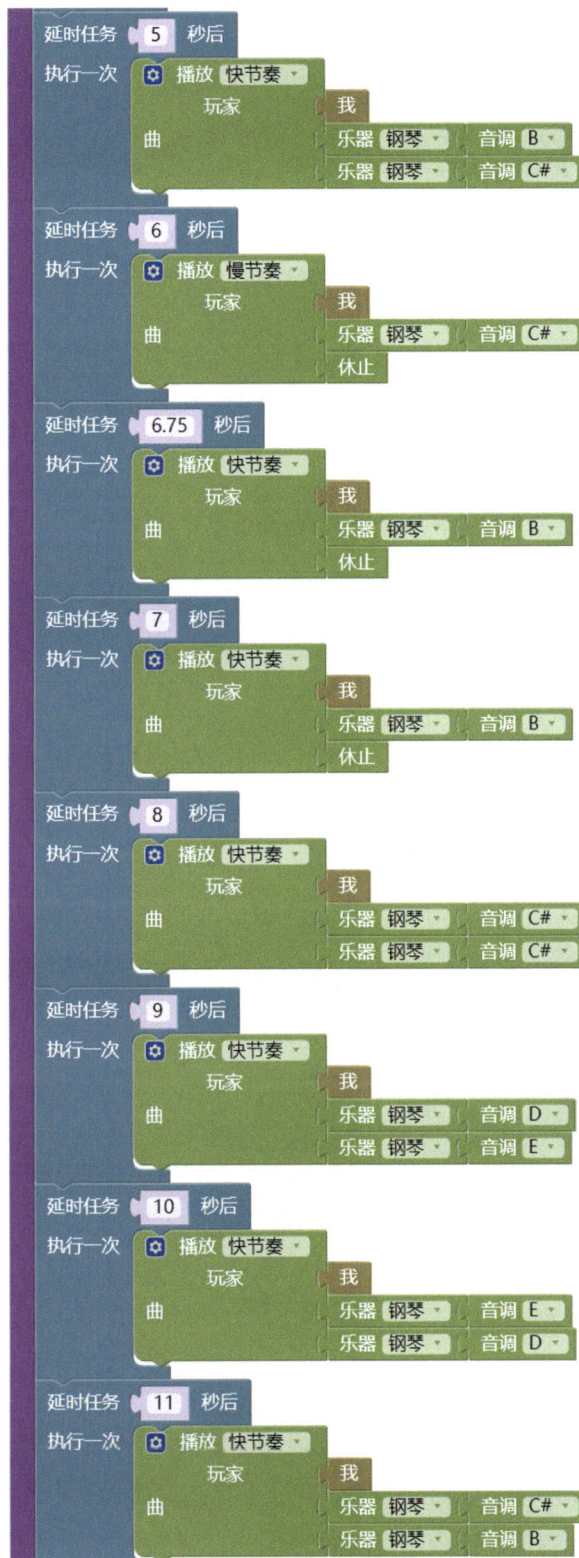

图 7-9　演奏完整乐曲程序

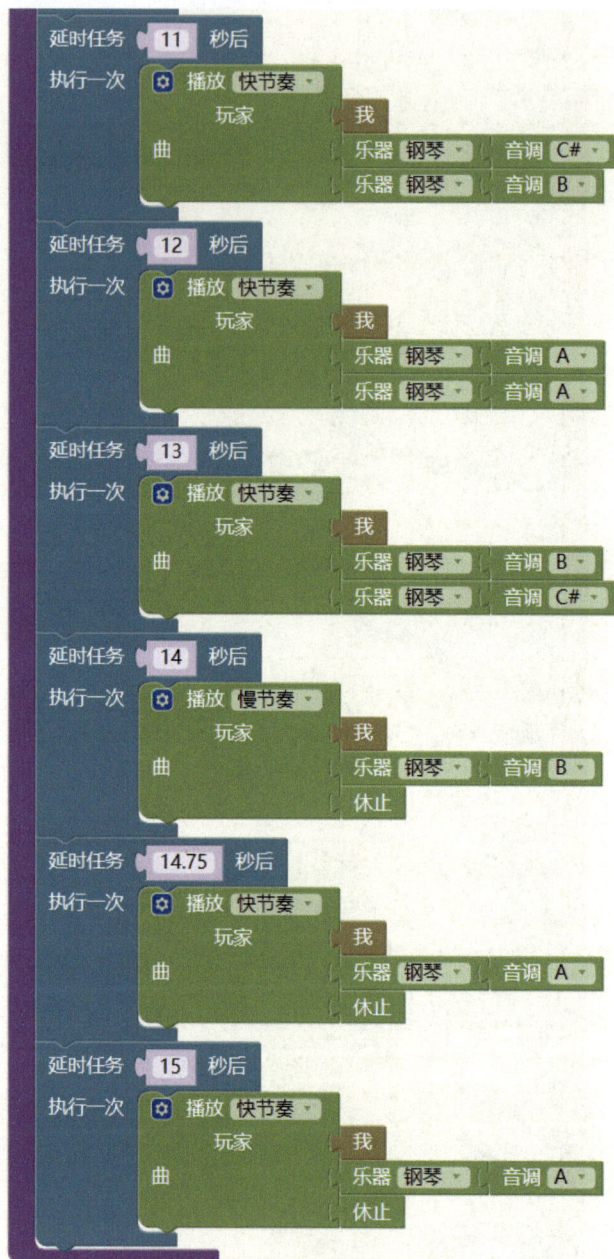

图 7-9（续）

实践园

（1）完成《欢乐颂》乐曲的编写，并在小组内交流程序中各个控件的作用。

（2）尝试优化程序，让程序更简洁。

任务二　烟 火 晚 会

没有了战争和破坏，MINECRAFT 编程世界一片和平。庆祝典礼上人们载歌载舞、欢呼雀跃。

让我们一起期待晚上的烟火晚会吧！

探究屋

1. 篝火燃起

庆祝典礼持续到了傍晚，人们的热情丝毫不减，此时燃起篝火继续欢庆。

1）点燃一簇火苗

将 [函数　做点什么] 控件拖动到程序区，并将函数名称修改为 main（主函数）。

"粒子"模块 [粒子] 提供了丰富的视觉效果，如心跳、泡泡、烟花、音符、火焰、雪球等。"粒子"模块有三种粒子效果，分别是点状粒子、线性粒子和球状粒子。将模块中的 [点状 粒子 心跳 在 位置] 控件拖到程序区，选择"火焰"粒子，设置相对坐标 [位置 位置 加 x 0 y 0 z 0] 控件，位置为玩家 [我]，修改 x 和 y 坐标的数值，程序如图 7-10 所示。

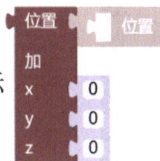

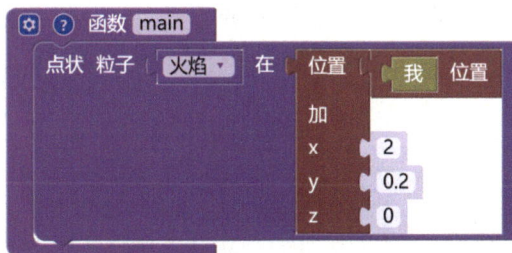

图 7-10　点燃一簇火苗的程序

2）点燃一团火焰

"系统"→"定时与延时"模块中的 定时任务 每隔 1 秒 重复执行 控件可以创建定时任务，每隔指定时间重复执行定时任务；延时任务 1 秒后 执行一次 控件可以创建延时任务，让其在指定时间后执行；清除所有定时任务 控件用来清除所有定时任务。

将 系统 里 定时与延时 模块中的 定时任务 每隔 1 秒 重复执行 控件拖动到程序区，并将点状粒子"火焰"程序嵌入其中，修改定时任务时间为每隔 0.5 秒。同时修改时间为晚上，实现一团火焰忽明忽暗的效果，程序如图 7-11 所示。

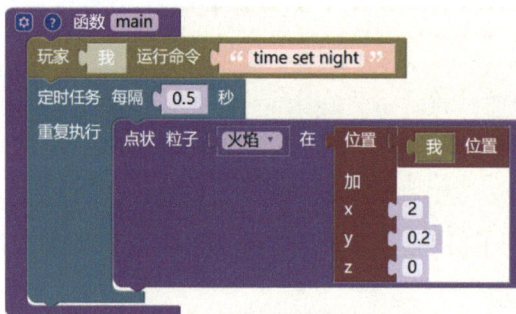

图 7-11　点燃一团火焰的程序

3）运行程序

运行程序，验证效果，如图 7-12 所示。

图 7-12　验证程序执行效果

实践园

（1）利用"定时与延时"模块中的"定时任务"控件完成程序的编写，并在小组内交流模块中各个控件的作用。

（2）尝试利用"延时任务"设置篝火燃烧的时间。

探究屋

2. 烟花绽放

篝火燃烧起来了，欢庆的烟花也在天空中绽放。

1）燃放烟花

新建程序。将 ⚙ ❓ 函数 main 控件拖动到程序区，并将函数名称修改为 main（主函数）。将 粒子 模块中 球状 粒子 心跳 在 🡐 位置 半径 1 控件拖动到程序区，选择"烟花火花"粒子；修改 x 和 y 坐标的数值，设置位置为玩家 我 的前上方；设置球状粒子的半径为 1；嵌入主函数中并将控件连接起来，程序如图 7-13 所示。

图 7-13 燃放烟花的程序

2）添加烟花绽放的音效

将 声音 模块中的 世界播放 位置 声音 村民 死亡 音量 10 音高 10 控件拖动到程序区，设置声音为 烟花 烟花爆炸 ，在烟花粒子的位置设置声音，程序如图 7-14 所示。

3）燃放大小不一、连续的烟花

将 ▶系统 里 定时与延时 模块中的 延时任务 1 秒后 执行一次 控件拖动到程序区，

95

利用相同的办法设置半径不一（大小不一）的球状烟花粒子，同时修改延时任务的时间、不同烟花的音效，将程序连接起来，实现大小不一、音效不同、连续绽放的烟花，如图 7-15 所示。

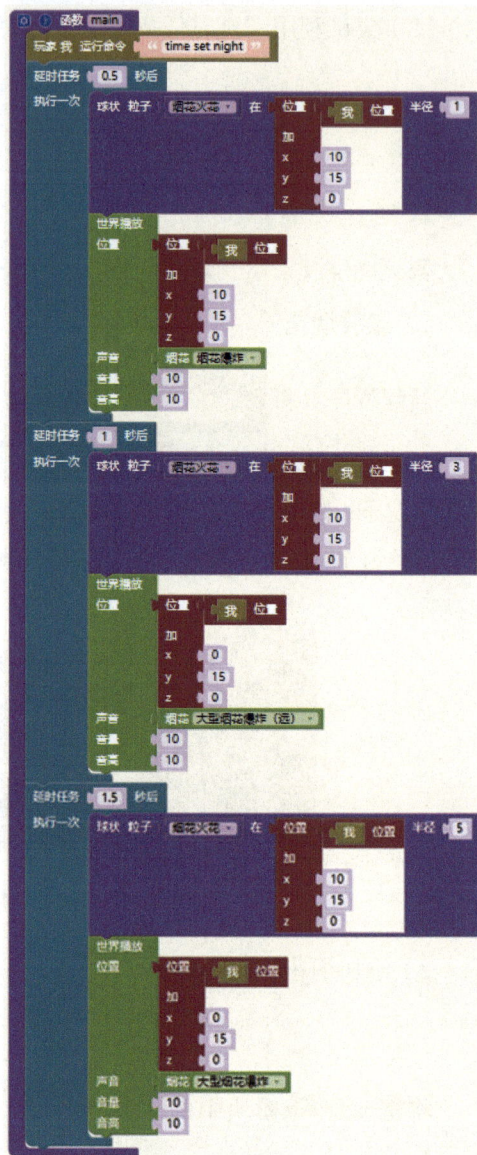

图 7-14　添加烟花绽放音效的程序

图 7-15　燃放大小不一、连续烟花的程序

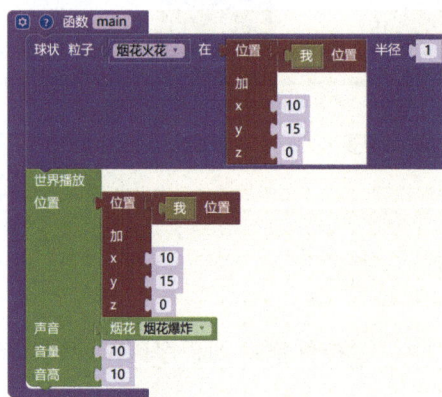

4）运行程序

运行程序，验证效果，如图 7-16 所示。

3. 欢庆胜利

音乐声响起，美丽的烟花在天空中绽放，人们载歌载舞、欢呼雀跃。

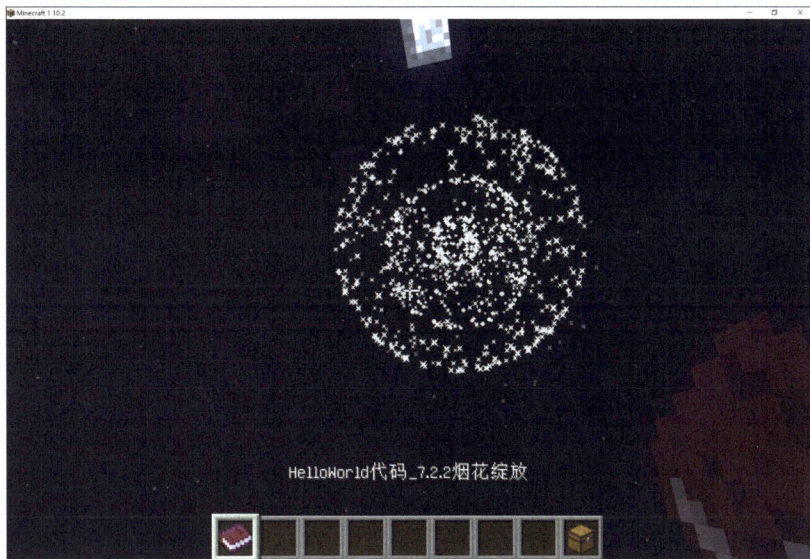

图 7-16　程序执行效果

1）播放欢庆音乐

将 声音 模块中的 玩家 我 播放 圣诞快乐 速度 快 控件拖动到程序区，选择 玩家 模块中的 我 控件嵌入其中。选择欢庆音乐"圣诞快乐"并将控件连接起来。设置时间为晚上，天气为晴朗，便于实现最好的烟花效果，程序如图 7-17 所示。

图 7-17　播放欢庆音乐的程序

2）添加爱心效果

将 粒子 模块中 线状 粒子 心跳 从 位置 到 位置 控件拖到程序区，选择"心跳"粒子，运用相对坐标，设置"心跳"粒子的起点和终点，嵌入主函数中并将控件连接起来，程序如图 7-18 所示。

图 7-18　加爱心效果的程序

3）烟花典礼

将 变量 模块中的 赋值 i 等于 控件和 数学 模块中的 0 控件连接起来，选择 将 i 增加 1，利用 逻辑 模块中的 如果 执行 控件和 定时任务 每隔 1 秒 重复执行 控件构

建循环结构，实现烟花重复绽放 5 次的效果。同时结合 延时任务 1 秒后 执行一次 控件，设置不同的大小、位置和音效，重复 5 次烟花典礼及爱心效果，完整程序如图 7-19 所示。

4）运行程序

运行程序，验证效果，如图 7-20 所示。

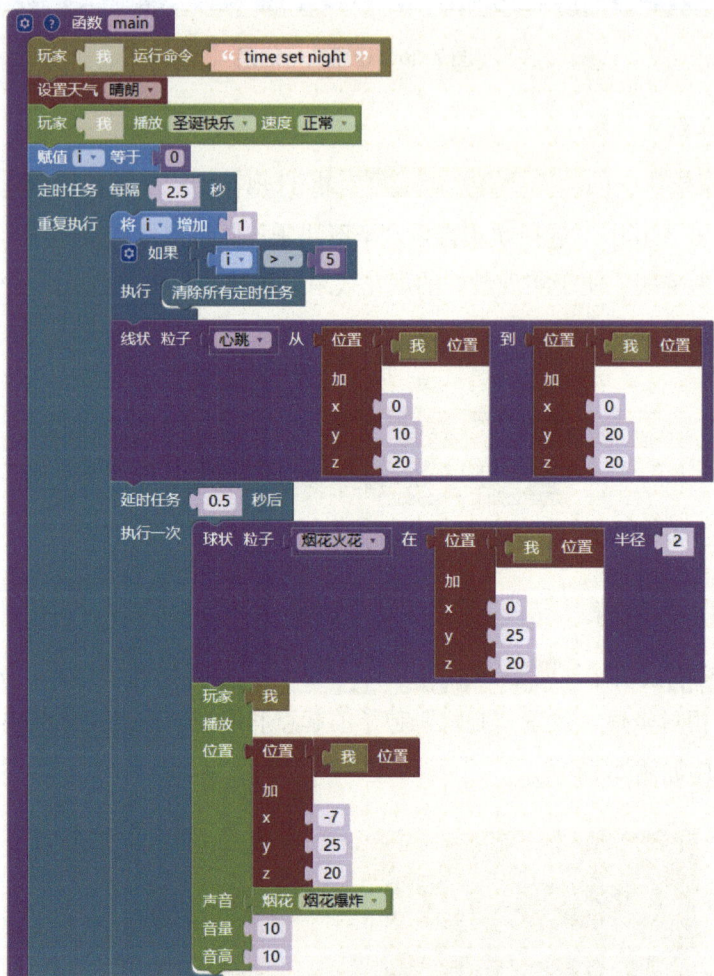

图 7-19　烟花典礼程序

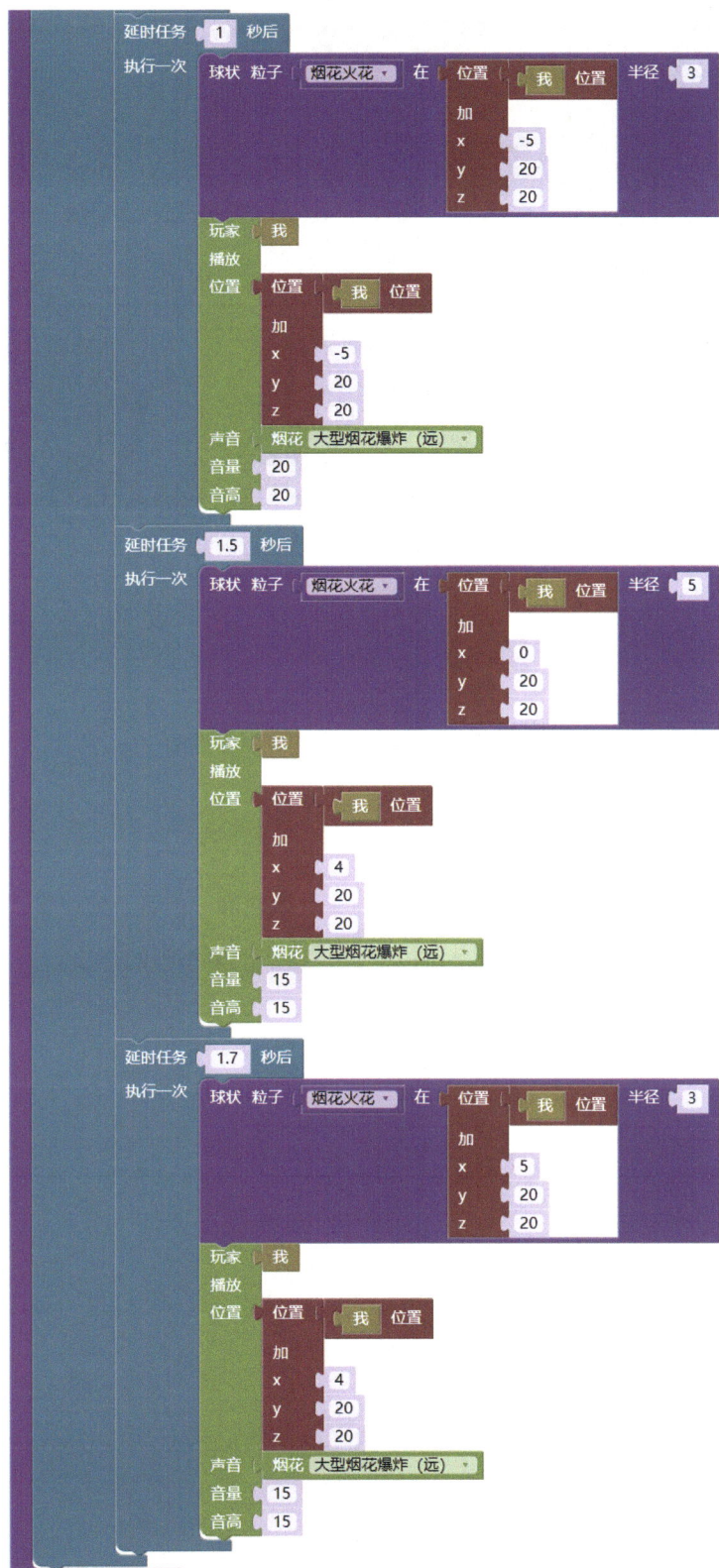

图　7-19（续）

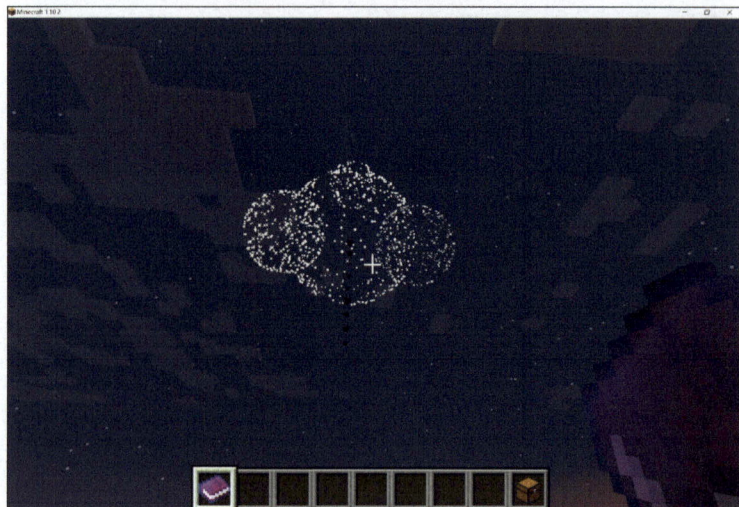

图 7-20　烟花典礼程序执行效果

实践园

　　尝试优化程序，让程序更简洁。

讨论坊

　　结合所学知识，想一想你还能利用"粒子"模块和"声音"模块实现哪些效果？创建怎样的世界呢？请大家进行小组讨论，并总结汇报小组的想法。